近代チベット史叢書 15

西蔵

西蔵研究会・太田保一郎――編著

慧文社

改訂新版にあたって

一、本書は一九〇四年に発行された西蔵研究会編・太田保一郎校補『西蔵』（嵩山房）を基に編集を加えた改訂新版である。

一、原本における明らかな誤植は、これを改めた。

一、原本の趣を極力尊重しながらも、現代の読者の便を図って以下の原則に従って現代通行のものに改めた。

i 「旧字・旧仮名」は「新字・新仮名」に改めた。

ii 踊り字は「々」のみを使用し、他のものは使用しない表記に改めた。

iii 送り仮名・句読点・ふりがなは、読みやすさを考えて適宜取捨した。

iv 難読と思われる語句や、副詞・接続詞等の漢字表記は、ふりがなを付すか、一部かな表記に改めた。

v 外来語や、一部の漢字・語句を、現代の一般的な表記に改めた。なお、個人名や地名、国名など、重要なものは初出時に原文の表記を〈 〉内に示した。その他の註は［ ］で、原著校補註はそのまま（ ）で示した。

慧文社

目次

【解説】

本書『西蔵』は、明治期の日本における、最初期のチベット研究書のひとつである。学習院中等部漢文教授であり、のちに能海寛の遺稿を出版することになる太田保一郎らによって結成された「西蔵研究会」は、チベット学萌芽期の日本において、文献の翻訳をもとに、チベットの情報を提供した。高本康子（二〇一一）「『能海周辺の人々』―太田保一郎「西蔵」を中心に―」によれば、本書が主に参考にした書物は William Carey, *Travel and Adventure in Tibet: ncluding the Diary of Miss Annie R. Taylor's Remarkable Journey from Tau-Chau to Ta-Chien-Lu Through the Heart of the Forbidden Land.* (London, Hodder and Stoughton, 1902)、William Woodville Rockhill, *The Land of the Lamas: Notes of a Journey through China, Mongolia and Tibet* (London,Longmans, 1891)、そして黄沛翹『西蔵図考』（北京：中栄堂、光緒一一［一八九四］）である。本書はそれらの書籍の情報に従いながら、要所要所で独自の考察を加えている。河口慧海の『西蔵旅行記』（書籍版・博文館）の刊行に先立って企画され、出版された本書は、日本におけるチベット観およびチベット学の発展に大きな影響を与えた。（なお、時代の制約もあり、本書には現在では不正確と思われる情報や差別的とも思われる記述も見受けられるが、資料的な価値を重視してそのままに残した）

第一章　不可思議国

西蔵《チベット》国は、地球上の秘密国たるのみならず、また世界中、岩石の最大最高なる所にして、その全体は、高く雲漠《うんかん》の上に聳《そび》え、氷雪の塁壁中《るいへきちゅう》に隠れ、人煙稀薄にして、禿山雪嶺の外、目を遮《さえ》ぎるものなく、漠々《ばくばく》たる広原には、肌を裂くが如き寒風吹き荒《すさ》みて、転《うた》た旅人の腸《はらわた》を断たしむ。住民普通の衣服は、甚だ大なる羊の毛革にして、その裏に羊毛を用うるにあらざれば、この酷烈なる寒気に堪うること能わざるなり。嗟《ああ》この地形、嗟この寒気、これ実に外敵を防ぐ自然の要害なり。嗚呼《ああ》アジアの中心にありて、地中海と同緯度の地を占めながら、吐蕃《チュバ》《トバン》以来二十世紀の今日に至るまで、なお地球の表面上、最もわずかに知られたる、最も神秘国の土地たることは、豈《あに》驚くべき至りならずや。

国の三方の側面は、岩石巍峩《ぎが》として峙《そばだ》ち、あたかも海岸に激せる波涛《はとう》の如し。何者も敢えてこれを踰越《ゆえつ》すること能わざりしなり。されば、古来富強なる数多の帝国、その四周に崛起《くっき》し、一盛一衰、興廃数多度《あまたたび》なりしも、その怖るべき雷の如き響きは、いたずらに洞窟の内にありて、少しもこの懸崖《けんがい》の内に聞こえず、鞺鞳《とうとう》たる波涛は、その一泡沫をも、この高原の黒き額を濡らすこと能わざりしなり。これを以て、長夜の夢は長えに永く、桃源の楽なお濃にして、この高原の住民は、常に不注意なる冷眼もてあらゆる出来事を瞥見《べっけん》したりき。

　この国の西と南とには、インド平原［ヒンドゥスタン平野のこと］の美麗なるパノラマ輝けり。その内には数多の巨象、帝王の華麗なる進軍、ラージプート〈ラジプト（Raj-put）〉ムガール〈モゴル（mogol）〉帝国、および英人の主権の競争など、実に人の視んと欲し、知らんと欲する所の活劇あり。而して、この世界の屋上に住せる粗野なる種属には、毫《ごう》も痛痒《つうよう》を感ぜざりき。顧《かえり》みて東方を視れば、また支那の大帝国ありて、治乱興廃もとより一にして足らず。而してこの種属にはまた同様の冷眼を以てこれを看過したりき。斯の如くにしてボーランド（Bodland 西蔵のこと）は、その膝下に、各色の生命の咆《ほ》え跳《おど》り舞うに係わらず、緑せる草深き高原中に眠れる獰猛なる石像の如く、常に依然として、唯だ四方を睥睨《へいげい》するのみなりき。

我が国に於いて、西蔵の事情を知る者は極めて少なく、近藤守重《こんどうもりしげ》かつて「喇嘛考」を著しし以来、邦人のこの国に関する著書を公にしたる者なきは、豈遺憾ならずや。近時河口慧海《かわぐちえかい》師、この国を探検し、その旅行記は、『時事新報』などの新聞にて公にされしは、世人の熟知する所にして、その挙の勇壮なる、そのインドの大旅行家サラット・チャンドラ・ダス［Sarat Chandra Das］氏の探険に比して、多く遜色あるを見ざるなり。然るに師の記行は、新聞紙上に登載せられたるのみにて、未だ一部の書籍として出版せられざれば［慧海の帰国は一九〇三年、『西蔵旅行記』の出版は一九〇四年。本書の執筆および刊行はその間の期間となり、まだ慧海の著作は書籍化されてはいなかった］、該新聞を読まざるものは、今なお西蔵に関する観念の充分ならざるを奈何《いか》にせん。今や英《イギリス》、露《ロシヤ》のこの国に関する争いは、日にようやくその熱度を高めんとするにあたり、等しく東洋に位する我が国人にして、これに不注意なること、豈その草原の石像の如くなるを得んや。然れども人の眼は蝦蟇《ひきがえる》の如し、活動する者にあらざればこれを視ること能わざるなり。而して西蔵は活動せざるなり、永く眠れるなり。人のこれに注意せざりしもまたあながち咎むべきにあらず。されば、「西蔵は如何なる所か」との問題は、一般に等閑に附せられたるもまた宜なりと謂うべし。英国の西蔵探検者テイラー〈テーラー〉［Annie Royle Taylor］嬢のかつて故国に帰りし際の如きは、イングランドおよびスコットランドの各教会は、競いてこの問題に就きて、嬢の講演を懇望したりしが、一記者、当時の有様を記して曰く、世人の知識は、甚だ幼稚にして、孟浪《もうろう》の臆説《おくせつ》揣摩《しま》を逞《たくまし》うし、或いは西蔵を以て英国の北方に在るものとし、或いはこれをアフリカ洲の中央にありとし、或いはこれを太平洋中の一小島なりとせり。斯かる無学無識は、決して驚くべきにあらず。我等が、学校に在りし当時にありては、西蔵に関する書籍は、唯だユック氏（［Évariste Régis］ Huc）の著せる、『韃靼《ダッタン》、西蔵および支那旅行』と題する一書ありしのみ。その書はすこぶる世人に珍重せられたりといえども、真面目にその説ける所を採用せんと試みしものはほとんどなかりき。そもそもユック氏の筆は、すこぶる巧妙なりしかども、正確なる事実の説明者としては、ほとんど氏の所説に信を措くこと能わざりき。これを以てその説の奇にして文の妙なるに拘らず、この書は、当時の学校にて採用するものなく、従いて、西蔵は世界の地図上に、唯だ一個の盲目の姿に印せられたりき。斯くて、この国の実際の研究は、最近二十年来の事にして、この国の事実をして、普《あまね》く世人に知らしめたる書籍は、僅かに最近十年此方出版せられたるものなり云云。嗚呼、英国に於いて既に然り、我が国民のこれに注意せざりしもまた宜なりと謂うべし。然れどもその政治、風俗、人情、社会、歴史、地理、産物は決して忽《いるかせ》にすべからざるものあり。これ西人が危険を冒して、しばしばその探検を試みし所以なり。実に二十世紀の世界は、決して西蔵人をして、長夜の夢を貪《むさぼ》らしむること能わず。而して、我が日本国民のみ、独りこれを対岸の火災視して、安然たらんことを欲するも豈得べけんや。

欧米諸国の探険家が物しし幾多の快活緻密《ちみつ》なる記録は、我等がこの地方に行きて、目前その不可思議なる諸条件を目撃するが如く、その実況を開示して、また余蘊《ようん》なしと謂うべし。この地は、吾人の容易に行くこと能わず、また容易に視ること能わざる所にして、恐くは千人中一人も、その実況を目撃すること能わざるなり。而るに各探検者が、その身命を顧みず、珠を逆鱗《げきりん》の淵《ふち》に探りて、これを吾人の観覧に供せるは、豈深く謝せざるべけんや。

吾人は、古来幾多の探検者の恩を謝せんとするにあたり、まず、この地の形勢、および気候、その特異の位置など、自然の特性に由来せる困難、および国民の心臓を循環せる、封鎖排外の精神より起こる所の一層大いなる困難あることを知らざるべからず。

今日、西蔵人の精神界を左右する所のものは、主として隣邦より輸入したるものに係れり。その住民は、元来天然力を以て、破壊的作用を有する悪魔の如く思惟し、これを畏敬崇拝し、これを慰めんが為には、食人的の礼式を以てしたることとありき。然れども、こはその往古の事なり。既に千年以前より、インドの温和なる仏教を輸入し、国民一般にこれを信仰するに至れり。但し、そのいわゆる仏教は、ヒンズー教の多量を混じたるものにて、もとより純粋の仏教にはあらず。もし強いて、我が国の宗派に就きて、その類似せるものを求めば、それ或いは我が真言宗に近きものと謂うべきか。この特殊なる仏教の由来を尋ぬれば、実に一個の小説的にして、西蔵開国の英主、ソンツェン・ガンポ〈特勒徳蘇隆賛《スロンツアンガンポ》〉（Sron Tsan Gampo）がネパール〈泥泡耳《ニポール》〉国（Nipal）の艶美なる皇女［チツン］と、唐の嬋妍《せんけん》なる文成公主（貞観一五年、西暦六四一年）とを娶《めと》りし時、併せてその宗教をも輸入せしを以て始めとす。

西蔵は、ラマ〈喇嘛《ラマ》〉の土地なり。ラマと云う語は如何なる意味なるか。ラマとは僧侶なり。この僧侶は、百人、千人、もしくは五千人も、宏大なる家屋内に群集せり（もとより一棟の大厦《たいか》にあらねど）。而して、その家屋の内部は、それぞれ許多《あまた》の房室に区分せり。家屋の構造は、あたかも岩窟内に於ける要塞の如く、厚壁兀然《こつぜん》として峙ち、これに穿《うが》てる窄《すぼ》き窓は、さながら眉を顰《ひそ》めて、周囲の茫々《ぼうぼう》たる原野を冷笑するが如し。蒙昧怯懦《もうまいきようだ》なる俗人は、この宏壮華麗なる僧院の門前に在って、見るもいぶせき陋屋《ろうおく》の中に、多人数雑居し、その日常の作業は、唯だラマの生活を容易ならしめんが為めに、年中孜々《しし》として、田野を耕やし、羊群を看守するのみ。ラマの権力は、宗教的威力を以て、深く国民の脳裏に膠着《こうちゃく》し、到底脱離すべからざる関係あり。故に各家族は、少なくも寺院内に一人の代表者を有せり。時としては、二人、もしくも三人の代表者を有することも、また決して稀ならず。されば、全国民の六分の一は、ラマなるか、もしくはその見習いなりと云う。教育は、専ら僧侶の教育に止《とど》まり、建築の苟《いやしく》も見るべきものは、唯だ殿堂および寺院に限れり。国民唯だ一の宗教的儀式は、祈禱輪（Prayer wheel）［マニ車］を廻転することと、六字の陀羅尼《ダラニ》［唵嘛呢叭咪吽《オンマニペメフン》の六字大明陀羅尼］を念誦することあるのみ。斯くて、ラマは、その掌に国民の身心を制御して、非常の権力を振えり。

西蔵の土地は、実に天国の如し。荘厳なること謂うばかりなし。この地は、金色燦爛《さんらん》たる殿堂、各所に輝き、地味は肥えて、翠緑《すいりょく》滴らんとする牧場に富み、晴透にして寒冷なる天に対しては、白き裸体の胸部を曝《さら》せり。もし日当たり良き渓谷を逍遥《しょうよう》せば、成熟せる穀類の黄金色を呈するを見るべく、河流に掉《さお》せば、その砂礫《されき》の粒々これ黄金なるを見るべし。然れども、また千古不変の後景は全く旅人の視域を脱すること能わず何ぞや。千歳の雪を頂ける、皚々《がいがい》たる高山の頂の荘厳なる、その間に飛翔せる鷲の婆娑《ばさ》たる、その光景は、到底筆舌の及ぶ所にあらざれども、吹雪すさめる荒原に参差《シンシ》たる隊商のたちまち奇寒積雪の裡に凍死するが如きは、決して他に視ること能わざる現象なり。また、ラマの奇異不潔なる服装して、人の大腿骨《だいたいこつ》もて製したる喇叭《らっぱ》［骨笛カンリンのこと］を吹きながら、手に頭蓋骨にて製したる鼓［骨太鼓ダマルのこと］を携え、漠々たる原野、寥々《りょうりょう》たる山谷の裏に立ちて、その舞台の上に周旋せる有様は、蒙昧《もうまい》蠢愚《しゅんぐ》の人民を愚弄して、驚倒《きょうとう》せしめ、恐怖せしめ、またその心臓の血液を凝固せしむべき、不可思議なる幽鬼の実在にあらずして何ぞや。これに因りてこれを観れば、西蔵は、全くこれ一個の不可思議たるを免がれざるなり。

第二章　閾に攀じ上ること

この禁秘国の閾《しきみ》に攀《よ》じ上らんには、唯だヒマラヤ山に躋《のぼ》るの一方あるのみ。ヒマラヤ山は、南方に脹《ふく》れて、嶮《けわ》しき傾斜をなし、西蔵高台を扣壁として、インド平原より俄然隆起し、僅かに百里以内に、一万七千フィートの高さに達し、世界中にて、最高最大の階段をなせり。この階段には、数多の山脈重畳《ちょうじょう》し、深き罅隙《こげき》を以てその間を区分せり。この罅隙こそ、すなわち旅人の必ず踏むべき所なれ。これに攀じ登るには、およそ一週間の時日を要し、身体極めて疲労し、神気すこぶる沈鬱す。それ炎熱熾《や》くが如き気候に、長時間避難所なき山脊《さんせき》の嶮《けん》岨《そ》を踏みて、従って攀ずれば、従って下り、一登一降、際限なくほとんど何の得る所なきが如し。而して嶮崖絶壁の渓谷は蒸発気多き植物の繁茂せる所にて、非常なる炎暑の為めに一種の瘴気《しょうき》を醸《かも》し、人の気息を壅塞《ようそく》して、熱病の死の陥穽《かんせい》《おとしあな》に陥らしむ。また処に依りては、渓間の中に、氷田《ひょうでん》の流れありて、寒冷なる風を起こし、冷気たちまち襲いて身体為に戦慄するに至る。この氷田の上に築ける美しき小屋に憩いて、椅子に腰掛くれば、山路の険に悩み、暑熱の苦に疲れたる旅人をして、ほとんど蘇生の思いあらしむ。この登山の困難辛苦は、もとより容易ならぬ事なれども、辿り辿りて、最後の嶮坂を登り詰めたる時の愉快さは、この困難を償うて余りあるべし。吾人もしヒマラヤの絶頂に立ちて、来たりし方を顧みなば、天を摩せる高嶺、剣を植えたる峻峯は、雲煙の間に聳え、断崖絶壁その中に隠顕して、陸離《りくり》たる光彩を放てるを望むべく、もしそれ北方遥かに前途を望めば、断雲長にかかりて、一断一続、無数の峯巒《ほうらん》、鋸歯《きょし》の如く相峙てるを見るべし。馬を呉山の第一峰に立つ、なお誇るに足れり〔金の第四代皇帝完顔亮（海陵王）の漢詩「呉山」の一節「立馬呉山第一峰」より〕。況やこれこの山、実に世界の第一たり。我〔西蔵研究会および太田が参考にした書の著者ウィリアム・ケアリーか〕この頂に立つ、天下の快感何ものかこれに若かんや。然れども、遼遠なる無数の山嶺の間は、すなわち古来人類の未だかつて踏査せざる所、恐るべき氷田と、地表の裂罅《れっか》とは、神斧鬼工の秘密にして、人のたやすく窺うことを許さず。唯だその最も深き凹処《くぼみ》こそ、わずかに人類の足跡を印して、この秘窟に通ずる唯だ一の門戸たるなれ。我が攀じ登りたる所は、幾条の通路中、最も容易にして、且つ最も低きものたりしも、なおその高度、欧洲第一の高峯、モンブラン〈白山《モンブラン》〉の高さに髣髴《ほうふつ》たるを思わば、以てこの国に入ることの、極めて困難なるを想像するに足らん。これらの雪を以て覆われたる、広大無数の山嶽は、千早振る世の始めより、いとも静かに眠れるものにして、何人も来たりてこの寂寞《せきばく》を破り、その夢を驚しし者はあらざるなり。欧米幾多の眼光は、不言の間に、この奇怪にして寂寞たる光景の上に注ぐといえども、また能くこの神秘的関門を破りて、秘窟の秘を探りしものあらざるなり。

第三章　チャン（Chang）地方およびその破稜

地理学上西蔵の中北両帯の大部分を占めて、その中心たる所は、すなわち西蔵人のいわゆるチャン・タン（Chang tang）地方なり。チャン・タンとは北方の広原の義なり。この地を実見せば、その歴史と地理とは、人をして最も興味を感ぜしむるに足るべき各事物の関鍵《かんけん》たらん。チャンは、野獣に委せられたる大いなる寒き高台にして、これを除きたる西蔵国の外部は、只だこの高台の破稜たるに過ぎず。チャン地方の明瞭なる観念は、細かに地図を視ば得らるべし。然れども、古来この国の地図は、その描写極めて不精密にして、唯だその概要を知るに止まれり。そもそもこの高台は北方より突出し、一様に西方に延びてヒマラヤ山の結節をなせり。ヒマラヤ山は南方に向かいて脹れ出で、東方は延きて支那の国境に達せり。この両側の表面は、数多の大河の作用、氷田の削鑿、雨水の洗滌の為めに、数百マイルの間は侵蝕せられて、起伏凹凸し、嶮

チャン地方旅行の苦難

崖深谷をなせり。

チャン地方は、驚くべき高度を有すれども、その面は比較的平坦なり、輓近《ばんきん》に至りて、旅人は各方面より、この地方を通過せしもの多し。第十八驃騎兵《ひょうきへい》大尉ウェルビー（[(Captain) Montagu Sinclair] Wellby）およびマーカム〈マルコルム〉（[Neill] Malcolm）は、西紀一八九六年の夏、西より東に向かいてこの地を旅行せり。ウェルビー氏曰く、余はこの地を旅行せしに、四ヶ月間玉葱より丈高き植物を見たることなく、またほとんど四ヶ月間は平均一万六千フィートの高所に宿り、十四週間以上人影を見たることなしと。

インド方面のレー（Leh）より支那の丹噶爾《タンカル》〈タンカル〉（Tankar）[現・湟源]までの距離は、約二千マイルにして、その旅行程は五ヶ月半を要すべし。ウェルビー氏のこれを旅せし時は、途中常にルビー〈ラビー〉と云う小犬[Rubyというメスのフォックステリア]を伴えり。この道路を概言すれば、幅広く渓谷もまた大なり。然れども、時に一万六千フィートの高さに達する所ありて、毎四、五日の後には、すなわち渓谷を横過せざるべからず。この地の旅行に就

チャン地方の寒気

きて、一つの困難と云うべきは、途中水に乏しきことこれなり。チャン地方は湖水に富み、中には随分大いなる湖水あれども、哀哉《かなしいかな》それは悉《ことごと》く鹹水湖《かんすいこ》にして、もとより飲むべくもあらねば、探検者は、毎日水を得んが為めに、井を穿《うが》たざるを得ず。ネパール国（Nipal）、およびシッキム〈西金《シキム》〉との大貿易品たる西蔵の岩塩は、実にこれらの湖水より得るものにして、現に湖岸の湿地には、ほとんど純粋なる塩の結晶を見ること稀ならず。

チャン地方の北方の気候は、吾人の実に堪え難きものなり。日中には、華氏験温器百十度［およそ摂氏43度］の高度に昇り、夜中は、濃霧中に在りても、二十五度［およそ摂氏マイナス3.8度］の極寒に降下せり。これこの地は空気極めて清浄稀薄にして、天空の甚だ晴朗なるに由来せり。総て、西蔵を旅行するものは、必ずその天色の透徹青色にして、驚嘆すべきものあるを発見すべし。冬期この地方を吹き渡る嚙むが如き寒風は、何等の織物を以て身体を包むも、これを拒むこと能わず、毛布羅紗《らしゃ》の如きも毫も身を温むるに益なく、唯だ獣皮のみは能くこの間の防寒用に適せり。然れども、これに用うる獣皮は、硬強にして毛を被ぶるものたらざるべからず。大尉ウェルビー氏は、斯の如き凛烈なる奇寒の為めに、一夜に九頭のラバを亡えりと云う。西紀一八九五年、リトルデール〈リッツルデール〉（[Clement St. George Royds] Littledale）氏が、北方よりチャン地方に来たりし時は、一百六十頭の動物を伴いて出発したりしに、その中唯だ二頭の小馬と六頭のラバとのみわずかに生きて還りたるのみ。他は悉く途中に斃死《へいし》せりと云う。またこの地方の空気は、常に乾燥せるが故に、旅人は口渇き、咽喉《のど》乾き、鼻孔は焦げ爛《ただ》れ、皮膚は霜傷の為めに裂けて、非常なる痛苦を感ずべし。空気の稀薄にして乾燥し、寒冷にして純潔なることこれの如くなれば、その報酬として肉類の如きは、能く長時間の保存に堪え、良しや乾燥の極粉末となるに至るも、決して腐敗の憂いなければ、これを貯うること至りて便なり。テイラー嬢は、かつてこの地方より羊の乾燥せる肋肉をインドに送りしに、その肉はほとんど骨に縮着し、ベンガルの溽暑蒸《じょくしょ》すが如き平原を経たる後といえども、決して腐敗することなかりき。嬢はこの肉を調理せんには、まず水に浸たさざるべからず、水に浸せば分量増加し、脆軟に

チャン地方の夏季と冬季

してその味も誠に佳良なりと云えりき。

チャン地方の南方は、延きてテングリノル（Tengrinor）すなわち天海の畔［ナムツォ］に達せり。これにてヒマラヤ山の内壁と合し、四時白雪を頂ける宏大なる山嶺をなせり。この広大なる地方には、常住の人民なし。その原野は、只だ夏季の短期間のみ密かに茂れる草に奇しき花を着け、あたかも絨氈《じゅうたん》を敷けるが如く、茫々として際涯なき一大牧場となり。野生の馬、ラバ、犛牛《ヤク》、山羊および羚羊《かもしか》の類、無数群聚《ぐんしゅう》して、これにその幸福なる生活を楽しめり。この夏季間は、遊牧の種属（Yang）［ケアリーの原文では a few nomad tribes とある。チャンパと呼ばれる民のことか］の集い来て、この獣畜を看守し、群獣この緑氈《りょくせん》の上に戯れ遊べりといえども、一たび冬季の迫れるを知るや、たちまちこの地を去りて、広濶なる平原、また一獣畜の影を止めず、只だ寒雲の漠々たるを見るのみ。而して、寒風一たび吹き来れば、これまで鮮緑なりし草木、一時に乾枯してその硬きことあたかも骨の如く、針金の如し。されば、夏季の外、年中荒廃して、人獣の跡を印せず、荒涼の風景、実に旅客の腸《はらわた》を断たしむ。北極恒寒地方にも、なお年中生存せる野生動物あるを見れば、この地の現象、実に奇怪千万と謂うべきなり。西紀一八九一年に西蔵国を通行せし、英国陸軍大尉［当時］バウアー〈ボーウェル〉氏（[Hamilton] Bower）は、この差異の起これる基因を探討して、唯だ脂肪の分量如何にあること論結せり。

西蔵国の模範動物は犛牛（Yak）にして、その産地はチャン地方なり。該牛の容貌は、尋常の牡牛に似たれども、首より背に亘《わた》れる鬣《たてがみ》ありて、長き旄毛をその両側に垂れたり。その毛深き尾は、一の商品として輸出せること、普《あまね》く人の知るところなり。犛牛は巨大にして、且つ醜き獣類なれども、この国にては、最も必要なるものにて、荷物の運搬は、一にこの動物に依れり。ラバおよびロバを侵して斃死せしむる所の山病、および心臓病の如きも、この獣を侵すこと能わず。且つ山羊の如く、足元確かなる動物なれば、食塩および磚茶《てんちゃ》の大塊など、他動物の決して駄し能わざる重荷をつけて、危険極まりなき場所を、苦もなく運搬するは、到底他の家畜の企て及ばざる所なり。この獣は、人に曳かることなく、自ら徐々として進行し、行商は常にその後に従い、吹雪を犯し、高き山路を辿り行く。その歩行は甚だ緩慢《かんまん》なれども能く久しきに堪うべし。また、その肉は、西蔵国民の主要なる食物にして、チャン地方にては遊牧民の食料は専らこれに依れり。大尉ウェルビー氏は、その脂肪を煮詰めて、一種の糖菓を製せしに、その風味至って良好なりしと云えり。その乳は牛乳よりも滋養成分に富み、これより精良のバターを製し得べし。このバターは新製のものよりも、却って古くして酸敗《さんぱい》したるものを宜しと云う西蔵人は、新しき酒を嗜《たしな》みて、古きバターを好めり。この地方の住民は、食事毎に茶にバターを混じて飲用すれば、バターは片時も欠くべからざる必要品なり。犛牛の毛皮また用途すこぶる広し。これを地中に置けば、六十年もしくは百年をも保存し得べしという。木材は、西蔵国中極めて稀なり。特にチャン地方にはほとんど皆無の有様なれば、犛牛の乾燥せる糞を以て薪炭に代用せり。これを土語にて「ジョー」(Jo)と称す。遊牧の民は、これを蒐聚《しゅうしゅう》して、寒気を防がん為めに、常に天幕の周囲に堆積せり。天幕もまたこの動物の粗なる黒色の毛を以て、麁《あら》く織りたるものにて製せり。これを通常の嚢布に比すれば、大いに粗糙《そぞう》なれども、強靭にして

チャン地方は大河の源なり

能く久しきに耐う。犛牛の毛は、各種の製造品に供し、針金の如く堅きを以て、除塵《ちりよけ》眼鏡を製して、雪の為めに眼の盲することを防御せり。

チャン地方は怪物の分水界なり。インドシナ〈印度支那〉およびビルマ〈緬甸《ビルマ》〉の地図を形成せる数多の大河は皆源を西蔵に発し、長き不規則なる堀割《ほりわり》をなせり。殊に東方に著し地図上この国の形状は長大なる骸骨の手状をなし、その手指は皆悉く上方に屈曲して、その中心を圧するの状あり。この起伏によりてなれる渓谷および傾斜面は、すなわち当国の主要なる部分にして、最も人煙稠密《ちゅうみつ》なる所なり。これに反して、他の部分は、嵯峨《さが》たる山岳、常に雪を頂きて、各所に峙てる所の高地にして、その間彼方此方に平坦の場所、愛すべき渓谷、および茂れる森林なきにあらず。許多の流河は実にその源をこれに発して平原を流下し、その間には幾多の沼沢多くして、自然に人畜の陥穽をなせり。

第四章　西部西蔵

チャン地方は、西方ヒマラヤ山に連なる。ヒマラヤ山の南側は、嶮しく急下して、インド平原に達せり。その間、平地少なく、断崖絶壁の地多し。その一角には、ラダック〈拉達克《ラダク》〉(Ladakh) およびバルチスタン (Baltistan) 地方あり。時としては、これを中部西蔵或いは小西蔵とも呼べり。当地は、その風景の佳絶なるを以て、最も世に著名なり。河水はいずれも急流をなし、氷雪融解してその源をなせり。地草木に乏しく、唯だ断崖の絶頂より墜下《ついか》する雪氷の摩擦に耐えてわずかに生き残れる草の、巖石に固着せる外、毫も草木を見ること能わざるなり。

天候

この地方には雨なし。トルキスタン〈土耳其斯坦《トルキスタン》〉の砂漠より、吹き来る風の細微なる塵埃《じんあい》を伴えるが為めに、天色銅赤色を呈し、天候常に朦朧《もうろう》たり。その雨なきは、中部ヒマラヤ山峙立《じりつ》して、インド洋より来る湿気を帯びたる雲を遮りて抑留するに基けり。この因由によりて、西部西蔵の全部をして、乾燥磽确《こうかく》の地たらしめたり。

二万、一千方マイルの面積中、耕作に適する地は、唯だ僅かに一百方マイルに過ぎずと云う。各種の利用厚生の設備を悉くして、この地を耕作し、灌漑《かんがい》の目的を以て、数多の精巧なる水道を設けたり。次に示せる図〔省略〕は、すなわちナイト（[Edward Frederick] [K]night）氏の画けるものにして、渓谷に向かって傾斜せる禿山のその勾配急峻なるに拘らず、澗水の面を抜くこと数百フィートの嶮岨なる岩壁の中腹を穿ちて、視力の達せん限り、淡緑色をなせる地平線の蜒々《えんえん》として帯の如く、山肩を繞《めぐ》りて連続せるもの、これすなわち灌漑の用水に供せんが為め山腹に設けたる堀割にして、ほとんど人の到り難き高所難所に至るまでこれを築造せし困難と、規模の大なるとは実に歎賞の外なし。而してその修繕もまた非常の耐忍と労力とを要することは、吾人が意料の外にあるべし。

ナイト氏は、また高所より墜落する雪崩や、毛革にて製せる筏《いかだ》にて、激流中

皮船

に航することの危険を詳記して曰く、余はしばしば怒号するが如き鈍き音を耳にし、仰いでは数百尺の高山の絶頂より、注下する細かなる雪の小瀑布を見、俯しては雪崩の山腹を急転直下して河流に墜落して激浪を起こせるを見ると。

また曰く、余は、軽き数本の棒を組み合わせて骨格とし、これに四十枚の山羊の皮を補綴《ほてい》して作りたる筏を見たり。これを中流に泛《う》かべて、人々思いのままに漕ぎ廻したりしかば、余は頭を動かして、左顧右眄《さこうべん》するの労を須《もち》いずして、恣《ほしいまま》に周囲の景色を賞覧することを得たり。余は河の両岸に奇岩妖石の横たわりて、人をして一見戦慄せしむるもののあるを見たり。その風景は、余が乗れる筏の飛ぶが如き進行と共に、時々刻々変幻極まりなく、或いは宏大無辺なる岩石の岬角《こうかく》突出して、巨浪これに激して怒号するあり。或いは緑園の細長扁平なる岬角、深潭《しんたん》の湾を対して、蒼々たるあり。而してその後方の禿兀たる丘陵および雲漢に聳ゆる雪峰と相掩映して実に仙境とも称すべき前景をなせりと。（校補者云う、皮船は、西部西蔵のみこれあるにあらず、全国これを用うと知るべし）

西部西蔵の道路

道路はもとより地勢によりて設けたり。西部西蔵の道路は、比較的善良なりと称せらる。この通路は谷合に設け、進むに従いて漸次に狭隘となり、時としては、絶壁に架せる桟道を通行せざるべからず。而して、途中許多の渓流には、西蔵流の縄橋を架せり、縄橋は三本の鉄鎖よりなり、通行人はその一本を足にて踏み、二本を両手に握りて通行するなり。この縄橋は、深さ百フィート以上の岩の罅隙に懸りて、これを渡るときは、劇《はげ》しく左右に動揺し、人をして、心悸し胆寒からしむ、この縄橋も時に雪崩に絶たれ、洪水に洗い去られて、行通を絶つことあり。（校補者云う、道路の崎嶇《きく》たるは全国皆然りと知るべし）

道路既にこの如し。随いて信書の遣り取りも、極めて不確実にして、且つ危険なり。もしこの縄橋の消失せることあらんか、然るときは石に信書を結び付け、これを彼岸に投ず。故に往々対岸に達せざるものありて、空しく水中に消失することあるは、自然免がれざる所なり。また一般の風習に拠れば、速達便の必要なる時には、発送人は、信書に鷲の羽を固着してこれを表すと云う。羽檄の意に基づけるものにや。

ラダックの首府をレー（Leh）と云う。インドの市場と、中央アジアの市場との中間に位し、双方より来たる所の行商は、これに至りて止む。夏季には、シベリア、支那、西蔵の各地方、韃靼およびインド平原より、幾多の商人許多の駱駝、犛牛などを伴いて輻湊《ふくそう》し来たり、すこぶる熱鬧《ねっとう》を極む。これらの商人その取引を畢《お》えて、帰途に就く前には、一ヶ月もしくは二ヶ月間、此処に休息するを例とし、市況殷賑《いんしん》なり。ラダックおよびバルチスタンは、現今は西蔵領にはあらずしてカシミール〈克什米爾《カスミイル》〉国（Kashmir）藩王〈マハラジャ〉（Maharajah）の領域に属せり［当時はジャンムー・カシュミール藩王国があり、以上の地域は同藩国の領地だった］。然れどもその人民は、西蔵人種なり。ラホウル（Lahoul）とスピチ（Spiti）の二小英国領はこの間にありてモラビアア派〈モラビアン派〉伝導師の布教最も盛んなる所として世に著名なり。

第五章　国の中心

中帯および南部西蔵の形勢

中帯および南部西蔵は、該国中最も人煙稠密なる所にして、すなわち国の中心なり。この地帯の夏季にありては、風光優美にして、日当たり好く、渓間を流るる水は淙々《そうそう》として楽を奏し、実に仙境の思いあり。然れども冬季は、満目悉く結氷して、鉄の如く凝固せり。

ヤルンツァンポ

これを流るる大河あり、ヤルンツァンポ〈雅魯蔵布《ヤルルツサンボ》〉と云う。西部西蔵に発源し、ヒマラヤ山壁の北方に沿いて、数千里の間東方に流れ、急に南方に屈曲し、驀然《ばくぜん》として急湍《きゅうたん》をなし、七千フィートを流下して、人跡到らざる未開地に没し、再びアッサム（Assam）地方に現れ、終《つい》に著名なるブラマプートラ河となりて、インドのカルカッタ〈カルコッタ〉に到り、ベンガル湾に注ぐ。この人跡未到の地は、広袤《こうぼう》二百マイル弱なり。これを探検して、この河の上流と下流とを結合せんとの壮挙は、遂にその功を奏し、従来の疑点をして、渙然氷釈《かんぜんひょうしゃく》せしむるに至れり。この壮挙をなしし最初の人は、生まれは西蔵人にして、半ばインド人たる一人の測量家なりき〔G・M・Nことシッキム人Kinthupのこと。英国人将校ヘンリー・ハーマンHenry Harmanのもとで働いた。いわゆる英国とロシアの「グレート・ゲーム」の時代、英国は現地人を訓練して測量や情報収集などに用いた。それらの人々は、隠語で「パンディタ」、すなわち賢者と呼ばれた〕。この人は、この目的を遂げんが為に、野人の襲撃に遭いて、しばしばその生命を危うくし、非常なる困難を受けしといえども、ほとんどその目的を成就せり。氏は千辛万苦を厭わず、流れに沿いて下り、遂に一歩も進むこと能わざる所に至りしかば、止むを得ず一定の形に作りたる五百本ばかりの棒を取りて、悉く記号を附し、これを河流に投ぜり。この方法は、もとより明案たりしに相違なきも、惜哉《おしいかな》準備整わず、更に下流にありて、流下し来たる棒を看守するものなかりしかば、この勇敢にして、奇特なる計画も、その結果は遂に失敗に帰するに至れり。然れども、これより後幾多の探検家は、終にヤルンツァンポ江を以てブラマプートラの上流なりと確定するに至れり。

チャン地方は、国の南境を去ること遠く、この側面に於ける破稜は、全く高台の状を呈せず、ヤルンツァンポ江に注ぐ許多の支流は、いずれも陵夷《りょうい》なる渓谷をなせり。またその間に通ずる数条の賑わしき道路は、霊地ラサ〈拉薩《ラッサ》〉に貢物を奉納せんが為めに四方より輻輳《ふくそう》せる往還なり。然れども、この道路に一切外国人の通行を禁ぜり。蓋しこの地方は、その重要なること、もとより他の地方に比すべくもあらねば、一層用心堅固に見張りをなして、これを守護せることも、彼等にありては、また已むを得ざる所なるべし。

第六章　ラサ府

世界数百万人の眼は、実にラサ府を視んことを熱望せり。この府は北の方、遥かにヴォルガ〈ボルガ〉地方より蒙古西蔵の全部に亘れる広大なる地方に向かって、その人民の精神を左右する所の咒文《じゅもん》を散布する神聖なる源泉たり。換言すれば、ラマ教の大本山所在地たり。されば凝《ご》り固《ご》りの信者中には、この地に巡礼せんが為めに、六ヶ月間の困難なる長旅行をなし、その途中には、世界の最も嶮峻《けんしゅん》なる山嶺を越え、酷峻《しゅんこく》なる気候に耐え、惨忍《ざんにん》なる劫賊《こうぞく》と戦い、言うべからざる苦艱《くかん》を忍びて、引接《いんじょう》の悲願を遂げ、摂取不捨《せっしゅふしゃ》の光明を享《う》けんことを楽しめり。而してこの巡礼者は、啻《ただ》に強壮なる男子のみならず、繊弱なる婦女子といえども、一意この霊地に参詣するの大悲願を以て、大胆にも重量の荷物を負い、徒歩してこの艱難なる長途の旅行に従えり。されば、哀れむべし、その多数は途上に倒れて、空しく白骨を無定河辺の磧《かわら》に留め、いたずらに幽魂を六道の衢《ちまた》に迷わしむ［陳陶の漢詩「隴西行」の一節「可憐無定河邊骨」（憐むべし 無定河辺の骨）を下地にしている］。父死して葬らず［『史記』より「父死不葬」］、妻病んで起つこと能わず、朔風《さくふう》たちまち幕を吹きて、漠々たる原頭《げんとう》、既に人影なし。唯だ一部の残存者のみわずかに神聖なる市街に達して、偏《ひとえ》に引摂《いんじょう》の空しからざりしを喜び、罪業の頓《とみ》に消滅せしを謝するのみ。

　この神聖なる市街の名は、そもそも何の義ある。「ラッサ」とは「神の座位」と云う義にて、その「ラー」［仏］は、決して「ラー」（Lha）［神聖］にあらず。極楽界にある仏菩薩の子孫たる「ラー」「ラマ」は、その幸福なる園中に安坐して、唯だ汲々《きゅうきゅう》として我が快楽のみを得んことにのみ営々《えいえい》し、下界の人間には何の顧みる所なきものの如し。然れども、この下界の人間も他日或いはその境遇、効績《こうせき》の如何によりて、この安富尊栄の地位を得ることあらんも知るべからず。実に「ラー」は、香雲棚引《たなび》ける九重の上にありて、外界とは何の関係なきが如くなれども、人民のこれを崇敬し、これを渇仰することは、実に余輩意想の及ぶ所にあらず。但し余がこれに謂う所の「ラー」は決してその「ラー」にあらず。これに謂う所の「ラー」は、一の生活体にして、ラサ市街の近傍なる普陀落《ポタラ》(Potal)の宮殿に住せる主権者なり。これを生ける観世音菩薩(Avalokites vara)と崇め、ダライ・ラマ〈達頼喇嘛〉(Dalai-Lama)はその化身なりと称せり。その宮殿の塔は、黄金の延板にて葺《ふ》きたれば、閃々として陽光に輝き、礼拝者をして唯だこれを一見せしのみにて自ら畏敬の念を起こさしむ。

この主権者の画像は西蔵国中到る処存ぜざるはなし。然れどもその形状は種々ありて、もとより一ならずといえども、その多くは許多の眼および手を有せり[千手観音のこと]。これ皆慈悲の旨趣《ししゅ》より成れり。すなわち許多の眼は人間の苦患を観てこれを憐憫《れんびん》し、その許多の手はこれを救済せんとするの意を表せるものなり。ラサ府は、この全能なる慈悲仏の特別守護の下にあり、との唯だ一つの信仰は、当市をして罪悪不幸の住居にあらずして、優美なる避難所たるの観念を与えたり。仏の肖像は、黄金を以て鋳造したるもあり、黄銅その他の金属を以てしたるもあり、或いは小塔中の岩石に彫刻したるもありて、いずれも数千の礼拝者を引き、これに附属せる金属具、および宝石の如きに至る

ラサ府に入りし西人

まで、聖霊の宿る所にして、仏の慈悲を反射するものとせり。無感覚の肖像にさえ既にこれの如し。もし有情の人をして端然《たんぜん》として礼拝堂に立ちて、信者の眼前に実現せしめば、その信仰果たして如何にあるべき。されば、普陀落《ポタラ》の宮中には、無感覚なる冷たき石像を置かずして、呼吸し、言語し、動作して、現に生活し、温暖なる顔に、微笑の恩波《おんぱ》を湛え、朗なる音声は、その唇頭《しんとう》より出で、慈悲の手は親しく信徒の頭に接する者あり。幾千万人の礼拝者は、眼前親しくこの活仏を拝す。その幸福と満足とは、到底局外者の推想し能わざる所なり。実にラサ府は市街にあらずして、一大伽藍《がらん》なり。大ラマ（Grand-Lama）はこれ活仏なり。これ大伽藍の本尊なり。

欧洲人にして、この神聖なるラサ府に到りしもの前後二十二人あり。悉く天主教の僧侶なり。その中、オドリコ修道士〈フリアル、オドリック〉（Friar Odoric）を以て、その嚆矢とす。氏は西紀一三二五年にこれを通行したりしが、当時は大ラマなかりしと云う。次をイエズス会〈ゼシュイト派〉の宣教師［アントニオ・デ・］アンドラーデ〈アンドラダ〉［António de Andrade］氏とす。

マニング氏の法王謁見

西紀一六二四年インドより入り、この国を経て支那に到り、また［ヨハン・］グルーベル〈グルーベ〉［John Grueber］、［アルベルト・］ドルヴィル〈ドルビーユ〉［Albert d'Orville］の二氏は、西紀一六六一年、北京より西寧府《シニン》を経てラサに入りたり。当時は第五世ダライ・ラマの時代にして、この大ラマ始めてダライ（Darai）の尊号を得、仏の権化なりとて四方に喧伝せらし大知識にぞありける。

二十有二人の中に、唯だ一人の英人ありき、その名をトーマス・マニング〈マンニング〉（Thomas Manning）と云う。氏がこの地に入りしは、テイラー嬢が、この市街近くまで来たりし前、およそ九十年なりき。マニング氏は、二週間滞在したりしかど、不幸にして、この無二の機会を巧みに利用すること能わざりき。然れども、ダライ・ラマに謁見する殊遇を得て、吾人に興味ある報告を遺せり。これ実に西紀一八一一年の十二月十七日の事なりき。

マ氏曰く、余は法王の宮殿の在る山の麓まで騎馬にて到り、プラットフォームに登りしが、数歩にして下乗せざるを得ざりき。この所よりラマ法王の謁見を賜うべき応接の間に至らんには、遠くしてまた退屈なる登坂を蹐らさるべからず。これは四百以上の段階よりなりしが、その一部は岩石より成れる山中の石段にて、その他は宮殿内の一階より一階に至る梯子段なりき。この他、山に沿うて階段もなく、数歩間は行歩容易なる登りありき。遂に謁見所のある大いなるプラットフォームに達し、これに暫時間休息して、贈呈品を整理し、然る後ラマの支那通訳官と談話したりき。

余［マニング］は謁見所に入り、三度頭を地に触れて、ラマ法王に謁見することを得たり。然る後、貨幣および美麗なる絹の哈達《カタ》を手ずから献上せり。次に余は帽を脱し跪坐して、法王の手を我が頭上に加えられんが為めに、頭を差し出せり。右の儀式了りて、法王の玉座近く坐を占めしに、僧官茶を出して饗せり。その茶は極めて上品のものなりき。余が茶を飲み尽すや否や、僧官はたちまちその茶碗を取り去れり。ラマ法王の美麗にして、且つ興味ある容貌および作法は、ほとんど余の注意を惹く所となれり。ラマ法王は当時七歳なりしが、教育行き届き、質樸《しつぼく》にして、天真爛漫たる児童なりき。余の視たる所に拠れば、ラマの采丰は真に好個の詩的にして、また装飾的なりしが、活発愉快なる態度を示し、その愛嬌ある口元には絶えず微笑を漏らして、その美しき顔面の全部を照らせり。ラマ法王の余を注視せる時は、特にその愛嬌は温和ある笑みを含めり。これ余が恐るべき蓬々《ほうぼう》たる鬚髯《しゅぜん》を蓄え、また眼鏡をかけて、相貌何となくラマ法王の可笑味を惹き起こすに至りしことは疑いを容れざるなり。当時彼れ余に問うに、途中艱難辛苦に遭遇せざりしや否やを以てせり。余は直ちに対えて曰く、余は途中辛労甚だ多かりしといえども、今日親しく慈眼に咫尺《しせき》するを得たるは、光栄何物かこれに若かんや。この光栄は既往の艱苦を償うて余りあり、余は最早その労苦を忘れたりと。この返答は大いにラマ法王およびその官人の歓心を博したるのみならず、余の全く一個の野人にあらずして、幾分か、文雅の士たることを感ぜしめたり。斯くて、僧官は乾したる菓物を携え来たり。土産物にせよとて賜えるなりとて、余が前に置かれ、余が従僕をして、これを携えて帰らしめき。余がラマ法王謁見せしときは非常なる快感に打たれ、雲山万里を隔てたる外国に在るの感覚を拭い去りて、全く本国に在るが如き思いをなせりと。

マニング氏に次《つづ》きて、この神聖なる都府に入りし欧洲人は、仏人ユック(Huc)およびガベー([Joseph] Gabet)の二人なり。この両人は、清国北京より来たり、ラサ府に二ヶ月滞在したりしが、後遂に放逐せられたり。ユック氏は、愉快なる旅行紀に充分なる説明を加えて出版せり。その紀行は、後に［ウィリアム・］ヘイズリット〈ハズリツト〉([William] Hazlitt)氏これを英文に反訳したり。書中該都府の地図を附せるはその特色なり。両人は西紀一八四六年一月二十九日にこの地に到達せしが、その最後の舞台はやや困難なる旅行なりき。

氏云えり、我等とラサとの間には唯だ一の山ありしが、これぞ吾人のかつて経験せしものの中にて最も峻嶮にして労苦多きものなりき。西蔵人、蒙古人は、大熱心を以て、この山に登れり。その由縁を繹《たず》ぬれば、この霊山の頂に達するものは、その誰たるを問わず、かつて行えるあらゆる罪業を消滅すと云うに在りき。我等は午前一時に出発して、この功徳ある霊山の頂に達したる時は、未だ午前十時に至らざりき。山また山を越えて我等の大なる平原に入りし時に

サラット・チャンドラ・ダス氏の入府

は、太陽はほとんど西山に没せんとする時なりき。而して右方遥かに有名なる主府ラサを望みたり。鬱蒼《うつそう》たる幾多の樹木は、青緑の壁と共にこの都府を囲繞《いじよう》し、扁平なる屋根を有せる、高き白色の家屋、塔および鍍金《ときん》せる屋根を存せる無数の殿堂、タレラマ（Tale Lama）の宮殿の立てる普陀落《ブツダラ》《ポタール》（Buddhala）など、総てラサの概況、我等の双眸《そうぼう》に入れりと。

その後三十六年を経てこの国に入りし者は、サラット・チャンドラ・ダス（Sarat Chandra Das）と称するインド・ベンガルの探検者なり。氏はインド・ダージリン〈独吉嶺《ダージリン》〉（Darjiling）より入りて、ラサに旅行し、西紀一八八二年に帰国せり。その旅行紀はこれを前者に比すれば記載の事項広くして且つ詳《つまびら》かなり。

この勇者のラサに入りし話は、すこぶる面白し。今その要領を紹介せん。氏、今やラサ府附近に進めり。非常に豊饒なるが如く視えたる平野を急行し、デプン〈ディパン〉（Daipung）僧院を左に視ながらにして霊地の塔、および閃々たる尖塔を眼前に望めり。この地こそ、すなわち氏が夢寝にも忘ること能わざり所にして、この大胆なる冒険の目的物にぞあるなれ。広濶なる平野の前に、静かに横たわれる霊地たり。隠秘学の本山たり。仏教法王の住居たるラサ府は、たちまち目前に立てり。氏の当市の西門に達せし時は、あたかも午後の十時なりき。氏は周到なる注意を以てその着服を整え、従者をして、仏教信者に擬してその腰に飾り帯を着けしめ、新来の法式に従いて行列を正うし、その先導者の肩には、槍を横たえ、槍の先には小旗を翻し、獣類および随行員これに従いて練り行き、氏は疲労したりしかば、その後方にありて馬に騎して扣《ひか》えたり。斯くてサラット・チャンドラ・ダスは大胆にも不案内なるラサ府の門に入れり。外市の主要なる街衢《がいく》を通行せしに、幸いにして一人もこれを妨害するものなかりき。サラット・チャンドラ・ダスは、色眼鏡を懸け、その態何となく疲労せしが如く視えしかば、市中の遊惰者は頻りにこれを注視し、また支那飲食店の門に立てる遊惰者は叫んで曰く、彼は病人なり、何ぞ斯かる病人の多きやと。一行は兼ねて当市に天然痘の流行せるを知りしかば、故らに約半マイルを迂回して、市の内門に行けり。ここには門番ありて、厳にその門内に入り来たる新来者を監視せり。然れども、同行者はすでに進みて、当地の中心点にまで到達したり。従者の一人は宿所を捜索し、他は悉く街側に整列したれば、往来の人々は不思議そうにその来意を尋ねなどする折から、宿割のものも帰り来たりて、暗黒なるアーチの下にある不潔極まる通路を急ぎ、遂に旅宿の一室に投ずることを得たり。これ五月三十日の夜なりきと云う。

ラサの市街地図創作者

ラサ市街地図の創作は、インドの探検者A・K氏［Krishna Singh Rawat］の功績に帰せざるべからず。西紀一八六五年、西蔵政府は、欧洲人の当府に入り込むことを禁止せしを以て、英国のインド政府は、西蔵出生の数多の測量家を準備して、この土地の地図を描写せんが為めに、ヒマラヤ山を越えしめたりき。この一隊の測量家の報告は、実に南部西蔵に関する吾人の知識の基礎たるものなり。A・K氏はこの首府に一年間滞在して、秘密に当市街を測量せり。

ラサ府の家屋

ラサ府の家屋は、外面白色にして、一見奇麗なれども、内面は極めて不潔なり。その材料は、泥土および日光に乾燥せる磚瓦《せんが》および石よりなり、宗門の色として、黄もしくは赤色の顔料を以てその門戸および窓を染めたり。室には採光孔

普陀落の宮殿および大招寺（伊克招廟）

を有し、床に置ける光沢ある香炉には、常に刺激性の煙を発する煎香を焚けり。西方の近郊に、全部牡牛および羊の角より成る奇怪なる家屋多し。牡牛の角は光沢ありて白く、羊の角は、これに反してその面粗にして黒し。この無数の獣角を種々に結合し、各種の想像を逞うして、これを配列し、その間隙には灰泥を塡充《てんじゅう》して壁となせり。斯の如き家屋は皆黒くして、市内の家の如く白色を呈せず。主要なる街衢は、広濶清潔にして、数多の公園などありて、その風景自ら人目を引くに足るも、町の端々、および路次《ろじ》などは、実に視るに忍びざる程の不潔なり。

普陀落《ボタラ》（Potal）の宮殿は、ラサ府の市街の入口の門より、約一マイルの所にありて、美麗なる列樹路《ナミキミチ》あり。この宮殿、および本山大招寺《ジョカン》の周囲には、常に巡礼者の巡行ありて、その時間は、支那駐蔵大臣の号砲によりて、午前四時に始まり、同じく号砲によりて午后九時に終わる。

大招寺《ジョカン》は、西蔵開国の英主、すなわち吐蕃王ソンツェン・ガンポ（Sron Tsan Gampo）が、仏教信者たるその妃［文成公主］の携帯せし珍貴の仏像を保存せんが為めに、創《はじ》めて建築せし最古の殿堂にして、市街の中央にある、極めて巨大なる建物なり。入口は東方に面し、前面には犛牛、毛犛牛および羊の角を以て装飾せる高さ四十尺に達する旗竿直立せり。重なる建物は三階よりなりて、黄金の板を以てその屋根を葺けり。屋内は暗黒にして、三箇の長き廊下と、二個の十字形の廊下とありて、光線は中央の廊下の頭上の窓より来たり。窓には硝子の代わりに、透明の油布を使用せり。日光は唯だこの窓によりて堂内に透入するのみにて、側面には窓を備えず。本堂には、無数の宝石にて装飾したる厚く重き十五枚の銀板を備えたり。唐の太宗は、吐蕃王ソンツェン・ガンポに与うるに、文成公主と仏像などを以てしたりしが、その仏像は実に宏大なるものにて、先耀なお輝々たり。その霊前には、毎日草花を手向けて、国人の信仰特に深し。建物の側面には、修道院、講堂、役僧の住家など許多の区分あり。またダライ・ラマの為めには、特別の一室を備えたり。

西蔵の心臓たるラサ府の実際の中心は、その壁内にあらずして、却って壁外なる普陀落《ボタラ》の宮殿にあり。数多の巡礼者は、大招寺《ジョカン》本堂内の大仏に草花を手向け、仏像の膝下にひれ伏して、一心に祈願を込め、難行を修めて、身体の衰うるを知らざるなり。また巡礼者は、仏像を景慕してこれを仰ぎ視るといえども、仏像の目は彼等を視ざるを奈何せん。然るに普陀落《ポタラ》に趣きて、神聖なる丘陵の階段を登れば、光景一変して我［A・K］を視、我が言を聞き、明らかに我に幸福を与うる所の、活仏の眼前に案内せらるることを得るなり。

ダライ・ラマの引接

次に示せるものは、珍らしき接待法に就きて、A・K氏の興味ある談話なり。ダライ・ラマの礼拝者は、数千人ありて、一々これに接すること能わざれば、時に富豪貴人に限りて、一々箇短なる文句を演ずることあり。その口調は、重くして、嗄声《させい》なり。これその成熟および賢明の態度を表示せんが為めに、殊更《ことさら》に練習に依りて得たる所なりという。ダライ・ラマは高さ六フィートばかりの高台上に坐禅し、赤黄色の普通の僧衣を纏《まと》い、その手には、白、赤、黄、緑、および青の総《ふさ》を垂れたる払子《ほっす》を持てり。礼拝者はこの室に入れば、直ちに祈禱の時の如く、合掌して進行し、体を屈して、その頭を高台の縁につけ、心に念じて、その願を懸くるなり。ダライ・ラマは直覚的にこれを理解し、吉祥の兆として、絹布の一片を巡礼者の頭上に加え、もしくはその手を以て頭を摩するなり。法王より親しく頭を摩せられたるものは、至大の名誉且つ幸福として、人に誇れり。斯くて礼拝者は順次に東門より急ぎ出ずという。この時、ダライ・ラマの眼前に唯だ半分時を経過するを得たる者は極めて幸福なりとして殊に衆に誇称すと云う。只だ富貴の人々は、特別にこの高台に登るの許可を得ることあり。斯かる輩は、ダライ・ラマの手に、実際独接する至大の幸福を受くる者なりとぞ。サラット・チャンドラ・ダスは、当時のダライ・ラマより、特別の待遇を受けて親しく謁見したりと云う。その時、ダライ・ラマは八歳なりきとぞ。氏が謁見せし当時の有様を述ぶれば大略左の如し。

謁見室は、おおよそ八列に敷き詰めたる毛氈《もうせん》ありて、余［サラット・チャンドラ・ダス］はその第三列に坐せり。大ラマの玉座よりは、ほとんど十フィートを隔てて少しく左に偏せり。室内は極めて静粛森厳なりき。役員は威ありて猛からず、寛容の風采《ふうさい》を備えて、静ず静ずと左方より右方に歩み出でて着座せり。これ法王に次ぎて尊貴のものなりとぞ。玉座は東洋帝王の玉座に類似せる大なる聖壇にて、その脚には獅子を彫刻せり。活仏たる法王は、八歳の児童にて、その上にありて、頭には黄色の僧冠を頂き、身には黄色の上衣を着し、吾人衆生の福を祈らんが為めに合掌して坐禅せり。余は、この法王の難有《ありがた》き加持《かじ》を受けたりき。この時、余は法王の容貌を観《み》んものと思いて、数秒間御前に立ち止らんとせしに、穏やかに余の背を衝《つ》きしものありて、これを許さざりき。

加持の式終わりて、人々坐に就きければ、主席の執事は黄金製の茶瓶をとり、法王の金の茶碗に茶を注ぎ、四人の助役は、拝謁者の茶碗に茶を注げり。法王の茶碗を取りて茶を喫する前に、一同謹厳なる調子にて讃美歌を歌えり。次いて我等拝謁者も茶碗を取り上げ、結構なる風味ある茶を飲みたり。その後、主坐の大膳職《だいぜんしき》は、法王の御前に米を盛れる金盆を捧げしに、法王は唯だこれに手を触れしのみにて、直にこれを衆人に分配せり。余もその一握を得て、これを手拭の一端に包めり。一同の讃美歌を歌いし後に、この活仏たる児童は、低き不分明の声にて、讃美歌を歌えり。右終わりて、先輩たる尊敬すべき縉士《しんし》は、席次の第一列の中央より起こって、法王は、観世音菩薩の権化なることを陳《の》べ、無知蒙昧なる西蔵人を済度せし仁慈功徳の宏大無量なることを頌《ほ》む。最後にこの縉士は、この法王の御前に進みて三拝の礼拝をなし、謹慎の歩調を取りて退却したり。次いで礼拝者一同退出し、法王もまたその坐を退かれたりき云々。

春季には、ラサ府に大法会〔モンラム祭〕ありて、各種の遊戯、軽業、射芸の競争、石投、綱渡り、仮面踏舞、および宗教的行列あり。デプン〈デパン〉僧院長は、この際一ヶ月間西蔵の王権を摂行し、国王の礼遇を受けて、市街に臨めり。この大法会あるときは、一般の犯罪者は特赦せられ、市内一般に歓を尽くせり。然れども、この摂政王の下に、三十名の奉行ありて、摂政王を補《たす》けて、瑣末なる犯罪をも厳しくこれを検挙し、重き罰金を科するが故に、幾多の人民は、その虐政に涕泣《ていきゅう》せり。この科料法に依りて、該僧院はその富を増加するなり。さればラサ府の住民は、この怖るべき罰金を免がれんが為めに、毎年その期に臨めば、急に白くその家屋を塗れり。もしその白色ならざる時は、不潔なりとて罰せらるるの恐れあり。平常不潔なるラサ市街も、年中唯だこの時期のみは、掃除行き届きて、すこぶる清潔なりと云う。

この大法会ある一ヶ月間は、遠近より来聚せる僧侶、無慮三万に達し、市内はその服色の為めに黄変するに至る。この僧侶の四分の一は壁内に寓せり。熱心なる信徒は、殿堂の長さを測量するが如き態度を以て、その周囲を巡行礼拝し、婦女は、この大法会の際に限りてのみ、大招寺《ジョカン》内に入ることを許可せらる。市の官吏の先導せる厳しき行列は、大招寺《ジョカン》に到る途すがら一種の讃歌を唱え、供奉の人々は、磚茶の少量などを狂奔せる群集中に分配せり。大招寺《ジョカン》の内には、色彩燦然《さんぜん》として、光輝人目を眩すべき、四百の仏像を奉安せり。なかんずく最も神聖なる仏像の周囲には、数千人の善男善女膝行して謹恪《きんかく》なる礼拝をなせり。而して、夜中は数万の灯火を点じて、煌々画《こうこうが》の如く、以てこの大寺院を照らせり。

この灯火器は、獣畜の脂肪を盛れる金属製の壷にて、年中その灯火を絶つことなし。この脂肪は、巡礼者の供献するものなり。これに就きて面白き一話あり。

西蔵国僻遠の地に、一人の貧しき寡婦あり。常にラサ府に赴き、親しく法主の慈顔を拝せんと思いしが、遂に巡礼となりて、ラサ府に来たれり。然れども、市に到達せし時には、僅かの貯えも路用に遣《つか》い尽くして、仏に奉納せんにも、嚢中《のうちゅう》の阿堵物《あとぶつ》全く竭《つ》きたれば、詮方《せんかた》なく、この老婦は、他より、少量の獣脂を乞い得て、これを以て謹みて霊前に一盞《いっせん》の灯明を供えたりき。然るに意《おも》わざりき、これの時法王親しくその場に出て給わんとは。法王は、この老婦の供物に就きて、大いにその奇特の志を嘉納《かのう》し、親しく懇切なる詞を給いき。この事実の遠近に達するや、一豪商これを聞きて、自ら以為《おも》えらく、一盞の灯明を供えたりし貧老の寡婦すらなお斯くの如くなれば、数多の供物を献納せんには、必ず法王と直接に親しく言語を交えることを得んと、即坐にこの豪商は、その資産の饒《ゆたか》なるに任せ、殿堂に趨《おもむ》きて、数トンの獣脂と数千の灯明とを献納せり。然るに法王よりは何等の感応もなかりしとぞ。

ラサ府は、西蔵国中第一の製造工業の地なれば、紺屋あり、薫香の製造人あり、貴金属の細工人あり、真鍮《しんちゅう》の鋳物師ありて、これらの職工の製造人には、一々霊地の特産たるを表せんが為に、神聖なる印章を捺せり。蓋しラサ府は、全然宗教的都府にして、単に礼拝に委ねられたるものの如し。これを譬えば、ラサ府は奇妙に細工せられたる宝石を入るべき小箱の如く、ダライ・ラマは生活せる宝石の如し。

然れども、この主権者、この活仏たるダライ・ラマは、一方よりこれを観れば、一種の捕虜に過ぎずして、わずかに温順なる運動をなして、その時日を消費するのみ。その年ようやく長じて、世事に通ずることは、部下のラマの大いに喜ばざる所なり。故にその死を必要なりとする時は、すなわちこれを毒殺すること、彼等が慣用の手段なり。さればダライ・ラマにて、老年に達せし者は至って稀なり。もし幸いにして老年に達することあらば、その現世の権力は、必ず他人の掌に帰せるものなり。而して、ダライ・ラマ死する時は、屍体は、防腐法に拠りてこれを処理し、その顔には貴重なる宝石、および黄金を以て装飾を施すという。ラマの死後九ヶ月間は、法嗣《ほうし》たるべき少児を全国に捜索し、適当の少児を得るときは、これを以て衆生済度の為めに、仏すなわち従前のダライ・ラマの転生せるものなりと称唱せり。而して従前の実例によれば、その少児の両親は、多くは極めて貧賤のものなりき。この撰抜せられたる少児は、一定の年齢に達すれば、或る記号に依りて、混交せられたる前代各ダライ・ラマの個人的所有物を示して、これを指摘し得るや否やを試験す。もしその少児、一物を指摘して、これは第何世ダライ・ラマのものなりと明言し得るときは、すなわちこの小児は、そのダライ・ラマの転生なりとして、試験に合格するなり。斯くて、合格者は、普陀落《ボタラ》の宮殿に入り、ここに始めて、第何世ダライ・ラマと称して、その先代の如く、遍《あまね》く衆人に礼拝せらるるなり。これの如くにして摂政大臣は、幼弱なるダライ・ラマを擁立して、その権力を鞏固《きょうこ》にせり。ラマの年ようやく長じて、大臣の権力を阻害する時、すなわち新たに悲劇の来たるまでは、ラマの命の車は容易に廻転することを得るなり。これを要するに、この霊地は、啻に形而上的の不可思議、および仏像礼拝、仮面舞踏者の地たるに止まらずして、実に罪悪を封ぜる伏魔殿なり。普陀落《ボタラ》の山も、その道路も、その絹布の幡幢も、その神聖なる祭壇も、総てこれ膻《なまぐさ》き穢血を以て汚されたるを視るのみ。而して年所を経るに従い、数人の転生者一時に現われて、真偽紛然たることありしかば［ダライラマ六世には対立ダライラマが立てられた］、清の乾隆帝は、転生説の妄と、その弊とを看破し、金瓶をラサの大招寺《ジヨカン》と、北京の雍和宮《ようわきゆう》とに備え、抽籤法《ちゆうせんほう》を以てダライ・ラマ、および胡土克図《フトクト》〔モンゴル語で活仏。化身ラマの称号のひとつ。ここではパンチェン・ラマを含む〕を定むるに至れり。これを活仏の籤《くじ》びきという。胡土克図《フトクト》〔ここではパンチェン・ラマ〕とは、ダライ・ラマに次げる大ラマなり。

第七章　西蔵鎖国の理由

西蔵人は、外国人（P'yling）を拒みて、一切国内に入ることを禁ぜり。独りインドの学者は能く西蔵人に扮して、この国に忍び入ることを得べしといえども、これとても真に献身的事業にして、あたかも虎穴に入るの思いあり。マニング氏のこの国に入りて、直ちに国外に護送せられし以来、欧洲人にして当国に入り込みし冒険者は多しといえども、いずれも非常に冷遇せられ、如何に剛毅に、如何に術策を施こししも、終にその功を奏したるものなかりき。輓近に至りては殊に甚しくその門戸を鎖し、国内に入りしが為に惨刑に遭いたる人あるは著名なる実例なり。西紀一八九九年にヘンリー・サベージ・ランドー〈ヘンリー、サベージ、ランドル〉氏（Henry Savage Landor）の如き、また西紀一八九四年六月に［ジュール＝レオン・デュトルイユ・］ド・ラン〈ラインス〉（[Jules-Léon Dutreuil de] Rhins）の如き、いずれも殺戮せられ、また

ラマおよび支那人の猜忌

西紀一八九八年九月宣教師ペーター・ラインハルト〈ピーター、リジンハート〉氏（Peter Rijnhart）は、行方不明となりぬ。西蔵人が、斯く外人を排斥する理由は如何。ここに粗く、西人の説を紹介せん。

二人あり、昼夜眠らずして西蔵の国境を監視せりといわば、読者は直にその中一人は、支那人にして、他の一人はラマなることを知らん。然り、ラマはその宗教の専売権を守護し、支那人はその商業上に自己の専売権を守護せり。ラマは人民の信仰を維持せんことのみに汲々として、開明の思想を輸入することを喜ばず。殊にその権力に抗抵するが如き競争的の信仰の代表者を入ることを許さざるは勿論なり。旅人および宣教師に国の門戸を開放することは、我が権力の所依《よりどころ》たる方便を破潰《はかい》し、我が進路を切断する害物なれば、これに向かって激烈なる反対を試み、外敵を放逐し、緊《きび》しくその門戸を閉鎖することは、彼の自護的本能と謂うべきなり。

支那人は、その商業上の関係の外に、政治上の問題あり。支那人はその才幹遥かに西蔵人の上にあり、且つ遥かに温和なり。或る人の説に拠れば、西蔵の実際の主人は支那人なりと。これを証明する事実はすこぶる多し。実に支那人は一旦緩急ある場合に至らば、たちまち出でて毫も油断することなく、その警戒を厳にすれども、平時に至りては、常に黒幕の中に隠れて、与り知らざる者の如し。支那官吏の外人に対するや、反覆極まりなく、また不誠実なり。彼等は、旅行者に旅行券を与うるに臨み、日く国中到る処、卿の遭遇する人々は、卿の言う所に従うべし。万一のことあらば、刑法は卿を保護し、我が権力の有らん限りは、卿を助くべし、卿請う安んぜよと。斯くて領事よりの請求書の末に公然左の如き奥書を認《したた》め

大英欽命駐剳　管理本国通商事務領事官

為レ給二発護照事一、照得、天津条約第九欵内載、英国民人、准下聴持レ照前二往内地各処一、遊歴通商上、執レ照由二領事官一、発給由二地方官一、蓋印経過地方、如飭交出、執レ照応二可随レ時呈一、験レ無レ訛、放行、僱レ船僱レ人、装二運行李貨物一、不レ得二擱阻一、如其無レ照、其中或有二訛誤一、以及有二不法情事一、就レ

近送二交領事官一、懲弁、沿途止可二拘禁一、不レ可二凌虐一等、因現拠二本国教士
(姓名)稟称一欲下由二(地名)一前二赴(地名)一遊歴上、請レ領二護照一、前来拠レ此、
本領事査該人素称妥練合行発給護照、応レ請二
大清各処地方文武員弁一験レ照放行、務須随レ時保衛、以レ礼相待、経過関津局卡、
幸毋二留難攔阻一、為レ此給二与護照一、須レ至二護照者一

右照給教士　収執

一千八百八十四年五月初二日

給

光緒十年四月初八日

大清欽命分守　整飭海防兼管水利兵備道加印限二壹年一繳銷

これに捺印し、親切の宣言をなして、これを旅客の手に交附すると同時に、また他の書類に捺印して、急使を出して、これを発信すべし。旅客がその親切を謝して、踵《きびす》を旋《かえ》す瞬間に彼は部下の人民に向かって、この旅人を防御すべき

ことを伝達せり。故に旅客がその背を転ずるや、その通路は、各種の障害物を以て充満せり。この大官人は、ラサ府にその衙門《がもん》を置き、国内の主要の都市には、その僚属を派遣駐在せしめたり。インド方面にてさえ、該国の門戸は、総て兵士を以て厳重に守護せらる。外国と条約を締結する事もまたこの大官人の掌中にあり。この大官人は、国中を貫通せる商業上の通路を通行する人々に対して、特許状を与えて、往来人の調査に便せり。この大官人は、また人民を侮蔑すること甚だしきに拘らず、西蔵人はほとんどこれに臣従せるものの如し。故に外国人にて、この国に旅行せんとするものは、西蔵人と倶《とも》にするよりも、支那人と共にするを以て最も便利なりとす。護衛として伴うときは、支那人の一人は西蔵人の三人を伴うに匹敵せり。同一の理由にて、もし支那人の護衛にして、途中反抗を試みることあらんか。これを屈服せしめんには、非常の困難を感ずべきなり。かくの如く、外国人を嫌忌するこの国にありては、外国人たるもの、争いてかその自由なる行動を遂ぐることを得んや。

外国人には、少しも権利なし。外国人は単に優遇せられざるのみならず、一朝発見せらるる時は、たちまち闖入者《ちんにゅうしゃ》として取り扱われ、暫時も留まること能わざるなり。これらの事実は、古今の旅客の皆実験せる所にして、その物語中、歴々これを証明せり。

余は、支那管轄のこの議論多き問題に就きて、正当なる判断を下すことに躊躇せり。この国の政権の出ずる所全く一途にあらざるは、その例証枚挙に暇あらず。ウォデル〈ウワッデル〉（[Laurence Austine] Waddell）氏著『ヒマラヤ山中』と題せる新刷の美しき書中に、左の記事あり。

西蔵人が、外人排斥の政策は、輓近一層激烈となれり。支那人は自らこれをラサ府に於けるラマ僧の行為に出でたりと主張すれども、この政策の根底をなせるものは支那人にして、ラマはその機械なるに過ぎざることは、毫も疑いを容るるべき余地なし。元来西蔵人は、欧洲人に対しては、不親切なるものにあらず。ラマは該国の主要なる商買人として、支那人より束縛せらるるを嫌えり。これに反して、支那人は、自己の手中に西蔵の市場を専管し、併せてここにその政権を樹立せんことを希望せり。故に機会のあらん限り、西蔵人を教唆して、反抗を外人に試み、ラサ府内に、その権力を振わんとせしことは、ユック氏のこの国に入りし時より、既に明らかにその鋒鋩《ほうぼう》を示したり云々。

前に清国北京に駐札《ちゅうさつ》せし、前の北米合衆国の公使にして、本国にありては支那および西蔵文学者として、この禁秘国の輓近の探検者中、最も傑出したる［ウィリアム・ウッドヴィル・］ロックヒル氏（Mr W. W. Rockhill）は、その著『蒙古および西蔵旅行日記』中に、左の一節を記せり。

西蔵に於ける支那人は、外国人を世話して、為にこの国の上流社会、すなわちラマの人望を失うが如き所行を為すことを好まず。その権力を用いなば、一、二の外国人を保護するが如きは、随分彼等が為し能わざる所にあらざれども、奈何せん斯かる事は、毫も彼等を益する所なし。もし支那人にして、その必要を認めたる場合には、西蔵に於いてその主権を固守すること、決してその能わざる所にあらず。何となれば、西蔵に於ける支那人の位置は、その君主権を有せず、その官吏は存留せる清国人のみを支配するに止まるもの、と謂うこと能わざればなり。

康熙帝（K'ang-Hsi）乾隆帝（Ch'ien-Lung）以来の出来事、ラサ府およびインド境界附近の輓近の事件に徴しても、歴史は明らかに支那の西蔵に於ける主権を証明せり。然れども、支那は腕力に依りて、西蔵を経営することを願わず、これ、たとい干伐に勝つも、その労を慰むるに足らざればなり。今日西蔵にて、支那がその主権を保存することを得たるは、外交政略と、外交事務に於ける優勝の知識と、ラマを慰撫することなどに因るのみ云云。

他の一方にては、余は同時代に、ラダックより西蔵を通行したる、第一支那連隊陸軍中佐［本書出版時一九〇四年の段階でバウアーの所属は英国陸軍威海衛租借地第一連隊中佐。最終階級は少将］バウアー（Bower）の説に拠りて、大いに便利を得たり。

中佐曰く、余が所感に拠れば、西蔵人は全然外国人と商議を要する場合には、常に支那人の後に隠れて局を了せんことを望むが如し。然れども支那の保護権は、極めて曖昧なり。もし支那人にして、真に西蔵に対して、その権力を有するもの、すなわち西蔵を以て支那の一部分なりとせば、天津条約［アロー戦争後一八五八年に締結されたもの」に拠りて、英国人は旅行券を携帯して、容易にこの地に行くことを得べし。然れども、支那人は、西蔵に於ける有力なる旅行券を発行するの位置にあらざることは、何人も能く知悉する所なり云々。

以上の議論は、いずれも英米人の所見にて、幾分の真理を含有すべきこと勿論なれども、西蔵鎖国の大理由は、蓋し斯かる細事のみに基づけるにあらずして、国際的関係に出でたること明らかなり。すなわち英人がシッキムを占領せし事実［一八八七年、チベットは英国の保護国であったシッキム領チュンビ渓谷（亜東《ヤートン》）に兵を送り要塞を建設。それに対して英国はチュンビ渓谷を攻撃・占領し、チベットとの宗主権を主張していた清国との間にシッキム条約を締結。清国はシッキムへのイギリスの保護権を承認し、チベット・シッキム間の国境などが定められた」は、実にその主因たることもとより弁ずるを俟《ま》たず、これに関する詳細の事項は、更に端を改めて公けにすることあるべし。

第八章　商業輸出入品

支那人が嘗て西蔵の政治上にその権力を有したりしはもとより明白なり。なお彼等はその商業上にも大いに興味を有せしこと疑いなし。元来ラサ府はこの国唯だ一の商業地なり。ラマ僧は俗人よりも、一層盛んに商業を営み、男子にまれ、女子にまれ、その閑暇には、専ら商業に従事せり。但しその商業は、未だ進歩せずして、今日なお物品交換を主とせり。ラサには貨幣あれども、全国一定の貨幣制度なし。現下の国情は、国内は各州に分かれ、各州はまた各部に分かれて、その中或いはラサ政府の下に属し、或いは直接に支那監督の下に属し、或いは全く独立せるものもあり。例えば著名なるゴロク族〈ゴロックス〉(Goloks)［カム地方およびアムド地方の人々］の如きは、いずれにも服従せずして、定期にその隣国に侵入して略奪することを務めとせり。これの如く全国統一の規模を欠き、各地方の住民互いに敵愾心《てきがいしん》を抱き、攻伐起伏常ならざる不安静不確実の世には、物品交易の外、真正なる貿易は決して行うこと能わざるあり。随いて自然のままなる金銀塊およびインド貨幣〔ルピー〕、タンカ(Tanka英の六ペンス)と称する銀貨は国内一般に流通すといえども、或る商品の如きは、物価の基本として採用せられたり。例えば長靴の一足、磚茶の一斤、犛牛の尾、および一定の長の布の如し。

西蔵は寒気の酷烈なる外に、一般に山地に属し、磽确の地多くして、農業振わず。随いてその食料品の多分は、これを他国に仰がざるを得ず。但しこの地の富饒《ふじょう》なる産物は、この需用品を購買するに充分なり。すなわちこの地の産物にて、国外に輸出する重要なるものは黄金、トルコ玉〈土耳其玉〉(Turquaise)食塩、硼砂《ほうしゃ》、犛牛、麝香《じゃこう》の如き実に無尽蔵の富源にして、単に国境を接する隣国のみならず、雪深き通路を辿り、嵯峨たる岩石を攀じて、遠隔なる国民の商品をも吸収する勢力あり。これの商品に対して、国外より輸入するものは、大略左の如し。

蒙古人より柔皮および馬具。支那人よりは茶、絹および鉄器。シッキム

茶およびその飲用法

(Sikkim) およびブータン〈不丹《ブータン》〉国 (Bhutan) よりは米穀および煙草。インドよりは、幅広き上等羅紗、藍、砂糖および香料を輸入せり。近頃は我が国の雑貨も広東、インドなどの商人の手を経て少しく輸入せられたり。

支那人は、この国の商権を主宰し、旅行券を看守し、各地より来たる商品に対して圧制的に関税を課し、場合に依りては禁制的の重税を課することあり。支那人は、西蔵貿易の二大重要商品たる茶と絹との専売権を有せり。

西蔵人は茶を消費すること夥だしく、蒙古よりは数千の駱駝に駄して、チャン地方よりは一層多数の犛牛に駄して無量の茶を輸入せり。故にこの国を貫通する公道を茶道 (Tea's road) と云う [吐蕃の昔から、雲南の磚茶とチベットの馬を取引する交易ルートがあり、茶馬古道と呼ばれた。これはもう一つのシルクロードのように文化交流の道でもあった]。支那より輸入する茶は、その質至って悪く、特に佳品なりと称するものにても、吾人の飲用するものに比すれば、極めて劣悪なり。その製方は葉柄と共に茶業を圧窄《あっさく》して固めたるもの、すなわち磚茶にして、その大さは大小種々あり。その小なるもの、すなわち通常のものといえどもおよそ八ポンドの重野を有せり。斯く極めて粗悪なる茶なれども、西蔵人はこれなくては一日も生活すること能わず。茶の煎汁にバターおよび大麦の粉（西歳にてはこれを糌粑(Tsamba）と云い、インドにてはこれを(Suttoo と云う)を混和したるものは、実に西蔵人の日常重要なる食物なり。

各戸の家婦は、終日沸騰せる茶釜を擁し、或る地方にては、常に茶の煎汁を用意せり。煎汁を作るには、数時間ソーダを加えて茶を煮、これを漉《こ》してその液を保存し、新たに茶を煎ずるに臨み、この煎汁の少量を加うることあり。普通の煎茶法は大略左の如し。まず磚茶の一握を革の嚢中より取り出し、これを釜中に入れ、臭気あるバターを加え、およそ十分時これを煮沸し、更にこれを濾過《ろか》して木管中に入れ、上下に動く木材の円板を有する棒にてこれを攪《ま》ぜ、最後に斯く調理したる飲料を椀に注ぎて飲むなり。

西蔵人は、その濶大なる衣服すなわち羊皮製の着服の褶の中に二、三の椀を蔵せり。また麦粉すなわち糌粑を入れたる嚢を有せり。これ我が嗜好に応じて、茶汁を濃くせんが為めなり。椀には、再三茶汁を盛りてこれを飲み、満腹するに至らざれば止まず。而してこの椀を再び懐中する前には、必ず奇麗にこれを舐め、決して洗滌することとなし。その脂切りたる手指は、蓬然たる毛髪に摩り附くるか、またはその寛闊《かんかつ》なる袍《ほう》に堅横十文字に塗り附くるなり。故にその衣服は、一種の光沢を発し、臭気堪うべからず。而して富める者も、貧しき者も、等しくこの一椀を以て、日常の食器とするなり。椀は赤き木にて製すれども、中には銀を以てその縁を取り、非常に装飾を施したるものありて、その価二、三十ポンドに上るものあり。

支那茶の強売とその運命

茶の商売は加速度を以て進行し、幾分か強売をなす傾きあり。支那の官吏は、その部下を強迫して、これを買わしむ。ロックヒル氏は、この国の人士にして、その俸給の代わりに茶を受け取るを見たりと云えり。これの如くして支那の歳入の多分を占めたり。斯くてインド方面よりは茶の輸入を禁止したれば、支那茶に向かって競争するものは一もこれあることとなし。もしこの強売と禁止となくんば、インド茶は直に入りて西蔵の市場を圧倒し、支那より来たる廃物を排擠《はいせい》して、直ちにその位置を奪うに至るべし。インドよりは距離近く、随いて運搬費も比較的軽少なり。ダージリンよりラサまで、ジェレプ・ラ峠〈テレプラ（Teleplp)〉［ケアリーの原文では the Jelep-La］を通行すれば僅かに三週以内の旅程なれども、支那の境界よりは、六ヶ月を要し、あまつさえその通路は高低甚だしき険道にて、犛牛の隊商もその進行至って緩慢なり。斯の如き不便あれば、西蔵人も早晩必ず従来の迷夢を悟り、国民挙《こぞ》りて支那茶を廃止し、廉価にして上品なるインド茶を嗜好するに至るべし。されば、支那茶専売の運命も、行末甚だ覚束なしと謂うべし。支那人が外国人の入国を気遣えるも、あながち無理ならぬことなり。而して、その警戒の周到なるも、また敢えて驚くに足らざるなり。故に支那人の商業を脅すには、他の方面より茶を輸入することこれなり。これ実に支那の西蔵貿易に与うる三十棒なりと謂うべし。

絹綿布

また商品として絹布および綿布あり。綿布は広く用いらる。皆支那より来たれり。絹布はその需用極めて多し。殺生禁断の仏法の感情は、深く西蔵人の頭脳を支配して、親しく養蚕することを得ざれば、支那はその欠点を補えり。

哈達および賄賂

この国の儀式上、哈達《カタ》（K'atag）と称する絹布を用い、社界交際上、必須欠くべからざる媒介物として承認せられたり。総ての交際には、この哈達《カタ》を送り、またこれを受け、これを交換するは、名刺、熨斗《のし》、水引《みずひき》を用うる我が国の習慣の如し。朋友は朋友にこれを送り、客の訪問には必ずこれを贈り、婚姻をなし、或いは或る事項に付きて互いに協議を要する場合には、その結納もしくは約束の徴憑《ちょうひょう》としてこれを送り、時としては手紙の包みにこれを用い、遂にラマの埋葬場に柩《ひつぎ》を導く所の挽綱としてこれを採用するに至れり。哈達《カタ》は、白色または淡青色の長方形の絹布の一片にして、極めて薄く、地合はほとんど紗の如く、その周縁には襞《ひだ》をなし且ほつれたるはハンカチーフに似たり。その地質は、大小によりて異なり、而して祝意を表するもの、諂《うたがい》を呈するもの、皆悉くこれを用うること、あたかも我が国にて熨斗、水引を用うるが如し。但し熨斗、水引は、他の物品に添うるものなれども、哈達《カタ》は単独にこれを用うるの差あるのみ。故にこの地に旅せんとするものは、必ずまずこの絹布の各種を準備して、危急の場合に応用せざるべからず。

この儀式的習慣にして、単に哈達《カタ》の進物にのみ限るものとせば、西蔵の旅行も幸福なりといえども、茶碗の如き日用品は勿論、天幕の類に至るまで、生活上必要なるものにて運搬し易きものは、一切これを携帯せざるを得ず。また途中は、各都市の酋長より、天幕に住する転住民に至るまでこれを訪問して、それぞれ佳良なる礼物を呈せざるを得ず。而してその返礼として、対等の物品を得ることはもとより覚束なきことなり。酋長より物品を贈らるることあるも、至って軽少なるものなり。またおよそこの国の官吏には、必ず賄賂を贈らざるべからず。旅行者の携帯品には、必ず「進物用」と云う文字を記入すること、最も必要なる条目たり。読者の想像するが如く、斯の如き賄賂の受授は、一定の度を越えて進歩すること能わざるなり。猜忌《さいき》深き狗は常に旅行者の跡を監視せり。その理由は何ぞ。

西蔵国の富は、これを二箇所に吸収せり。すなわち第一は無数の暗渠《あんきょ》と開放せる堀割ありて、飽くことなきラマの宝蔵に注入し、第二には、国境を越えて、支那の大金庫に注入せり。外国人は、その流れを酌《く》むこと能わざるを以てすこぶる遺憾とせり。

主要なる道路

西蔵の道路は甚だ険悪にして、平地といえども寧ろこれを足跡と称すべき程なり。今国境より首府ラサに達する主要なる道路を挙ぐれば、第一官道すなわち四川省打箭炉《タチエンルー》より、裡塘《リタン》、巴塘《バタン》を経て、ラサに至るものにて、長さ九百三十五マイルあり、駐蔵大臣の往復、ダライ・ラマの北京朝貢など、この道路に由る。第二は、甘粛省西寧《シニン》府よりするものにて、これを北道と称す。その長さ八百九十マイルあり。この両路を以て支那交通の孔道《こうどう》とす。また北の方はロプノール〈羅布泊《ロブノル》〉（Lob-Nor）〔通称「さまよえる湖」〕より、西の方はラダックより、南の方はネパール、シッキム、ブータンの諸国よりする小路ありて、ラサ府に輻湊せり。

ラマとは何ぞ
ラマ教の起源発達
第一期起源

第九章　ラマ教の起源および発達

ラマ教は、西蔵特有の仏教なり。多神教たるヒンズー教の形式に依り、花を以て覆い、宝石を以てこれを飾りたるものなり。

ラマとは、優勝無上の義にして、西蔵語なり。故にその適当の意味より云えば、僧院または高位の僧侶に応用すべきなり。然れども広く僧侶全般の称号として用うるに至れり。もとより宗教の名称にはあらざれども、通常の慣用に従いて、本書にもラマ教の文字を用うべし。〔但し、現代では適切な呼称ではない〕

ラマの起源は甚だ古く、大約《たいやく》千年の昔にありしが、幾多の変遷を歴来たりて、遂に今日の発達をなし、その間に、顕著なる七階段の時期を経たるものなり。

ラマの起源は、西紀六三八年より六四一年間にありて、唐およびネパール国より、二皇女のこの国に来たり嫁せし時より、始めて仏の名およびその名声は、この雪深き王国に入りしなり。これの時は、仏の寂滅後およそ一千一百年を経過せり。当時の国王ソンツェン・ガンポ〈特勤徳蘇隆賛《スロンツアンガンボ》〉（Sron Tsan Gampo）は、その二妃を安慰せんとの目的を以て、三箇所の仏教地より仏書を輸入し、教師を聘《へい》し、また莫大の費用を投じて、壮麗なる宮殿を建立し、これに二皇女の持参せる仏像を奉安せり。この殿堂はラサ（Rasa 赤地）に建築せり。Rasa はその後転訛して Lha-sa（霊地）となれり。王はまたインドに留学生を派遣し、数年間滞在せしめて、経典を研究せしめ、兼ねて霊地を巡拝して、すでに発達せる仏教の神髄を吸収せしめしが、この留学生は数多の典籍、礼拝の器具などをもたらして帰国せり。留学生は帰国後、その修学せる梵語に基づきてアルファベットを作り、ここに始めて西蔵文字成りしかば、西蔵語を以て許多の経典を反訳せり。これをラマ教発達の第一期とす。

然れども、新来の宗教は、この国の往昔より存在せる、幽鬼崇拝宗［ボン教またはポン教］より激烈なる反対を受け、およそ一百年間は、その進歩極めて遅々《ちち》たりき。新旧両宗旨の間には常に衝突のみありて、互いに相憎悪したりしが、仏教の宗旨は静穏柔和なれば、この有害なる幽鬼を辟易せしめ、その犠牲

第二期　パドマサンバヴァ

たる恐怖心を一掃せんには、全然無勢力たりしなり。

この如き状態は、およそ一百年間継続せり。斯く微弱にして、ほとんど一国の宗教と称するに足らざる有様より、一躍して国民の信仰を得て、国中一般に伝播するに至れり。されば、幽鬼派もまた奮然として起ち、大いに抗争を試みたれども、大勢の趨《おもむ》く所、また奈何ともすること能わず、漸次に仏教対幽鬼奉信の世態は一変して、仏教は幽鬼信奉派を吸収して、これを同化し、全く新体面を開くに至れり。故にその宗教はこれを厳正に云えば、純質たる仏教にあらずして、ヒンズー教を混ぜるが上に、更に西蔵固有の幽鬼崇拝の分子を交えて、いわゆる今日のラマ教とはなれるなり。これラマ教発達の第二期にして、研究上興味多く最も必要なる部分なりとす。而して、そのこれに至りし因由を尋ねんか。吾人はまず西蔵国に於いて、その名仏菩薩と共に高き、パドマサンバヴァ〈巴特瑪織巴幹《パドマサンパワー》〉師（Padma-Sa-mphara）の事蹟を知らざるべからず。師はカシミール（Kashmir）の境上に住したる有名なるインド学者なりき。師は当時の西蔵国王［ティソン・デツェン］に聘せられて、西紀七四七年、西蔵国に到着せしが、その雷名は夙《つと》に西蔵国に轟きしを以て、国民は双手を挙げて、氏の来着を歓迎せり。西蔵国王は、この学者の画策尽力に依りて、今なお不人望なる仏教の勢力を興起せんとするにありしが、王の企望《きぼう》空しからず、師はその天稟《てんぴん》の卓越せる意識と、万事を処理する熱心とを以て、仏教の布教に全力を注げり。師は全国を行脚し、務めて外観の美を装うて愚民を眩惑《げんわく》し、呪文を唱えて幽鬼の征服を公言せり。さればこれに関する奇談もまた尠からず。左の一語の如きは、もとより荒誕《こうたん》に属すといえども、また以て当時の状態を推想するに足れり。

師の幽鬼征服を標榜して行脚するや、一幽鬼は頑固なる抵抗をなし、両山の峡間に氏を圧殺せんと試みたり。然れども、師はわずかに高飛の手段によりて危難を免がるることを得たり。また他の幽鬼は、金剛《ドルゼ》（Dorje）すなわち降魔《ごうま》杵《しょ》と称する武器を雨霰の如く、雪中より擲《なげう》ちければ、氏は悉く積雪を融解して、湖水となしぬ。幽鬼はこれを逃れんが為めに湖水に投じければ、師はまた湖水を沸騰せしめたり。幽鬼は骨肉共に糜爛《びらん》するに至りしかど、なお出で来たらざれば、師は、金剛を投じて、幽鬼の眼を刺し通すかと見えしに、幽鬼はたちまち湖水を出でて、なお生命の存することを云いたりき［ケアリーの原文ではoffered him her life-essenceであり、命を伴った降参である。後出の表現も同様］。また一日精霊は、師を苦しめんが為に、大なる白色の健き犛牛に化して、この聖人を乗せしが、たちまちにしてこの聖人は独り飄然《ひょうぜん》として天に登りしに、犛牛は恍惚として、自らその鼻と頸と脚とを結束せられて動くこと能わざりしが、やがて白き絹布を纏える美少年に変じ、再び生命の存在を申告せり云々。

パドマサンバヴァ師は、遍く国中を巡歴して、斯の如き奇蹟を演じ、大自在力を現わしければ、その周囲には、たちまち無数の弟子の群集し来たりて、教を請うに至れり。師は幽鬼派を拒斥してこれを撲滅するが如き、過激にして人心に逆らえる過誤をなさずして、却ってこれを利用し、巧みにこれを同化して、その塁壁を撤せしめたるは、手段の巧妙なること、あたかも我が国の僧侶が、神道を利用して、垂蹟両部《すいじやくりようぶ》の説を唱えたるが如し。師は幽鬼派僧侶の生命を救助し、自ら恩を売りて、その感情を損わずして、彼等をして自ら進んで仏教を採用するの有利なることを理解せしめ、従って人民をしてこれに帰依するに至らしめし所の秘計妙策は、着々その効を奏し、古来幾百千年間、人心に固着せる信仰を保存し、同時に僧侶の干渉の有益なることを説き、その西蔵国に在ること、僅かに二ヶ年にして、今日のラマたる僧侶の秩序を整理し、初めて僧院を建設せり。その寺院はラサ府の東南およそ三十マイルの所に在るサムイェー〈サムヤス〉（Samyas）に於ける寺院にて、当時の建物の一部は、一千五百年を経過せる今日なお現存せり。この建物は国内あらゆる建築物中最も旧く、その由緒もまたこれの如く尊重なるものなれば、政府より殊別に保管せられたり。堂内数多の仏像および神聖なる器具は、悉く黄金より成れりと云う。西蔵政府の如きは、この寺院を以て、一種の銀行の如く思えりとぞ。パドマサンバヴァの勢力に由来せる、珍らしき遺物を蔵せる、この寺院の斯く永久に保存せらるるを見ば、人民の信仰の確乎として、根底深きこともまた知るべきなり。

パドマサンバヴァ二拾五人の弟子を有し、教法の外に、各種の事物を教授せり。彼はその事業の計画をなすにあたりて、常に厚く国王に扶持《ふち》せられたれば、たちまちにして数多の寺院勃興するに至れり。斯くて、師は功成り名遂げたれば、更に同様の勝利を得んが為めに、他国に向かって西蔵国を出立せり。その送別はすこぶる盛んにして、数万の群集はこの聖師に別れを惜しまんが為めに、遠近より来たりしに、師の頭の周囲には、後光の虹霓《こうげい》起こり、「ハロ」［halo すなわち後光］状をなして遍く十方を照らし、極楽より迎えの車は空中を馳せ来たりて、おもむろに師を乗せて去れり。群聚《ぐんしゅう》は眼を張りてこれを凝視し、声を放ちて泣けり。この聖人およびその随行員の天に登りし後は、彗星および燦爛《さんらん》たる星の如き光芒を遺したり。

斯く確乎たる基礎の上に建設せられたるラマ教は、漸次に盛大強固となりて、学生および学者の四方より笈《おい》を負うて、西蔵に遊学するものすこぶる多きに至れり。これ国王の奨励大いに至れりしとは云え、パドマサンバヴァ尽力の効に帰せずんばあらず。仏教の勢いすでにこれの如くなれば、インドの書籍はますます反訳せられ、梵語と西蔵語との字書《じしょ》も出版せらるるに至れり。然れども、この社界の反面には、不平反乱の徒なきにあらず。幽鬼崇拝派の代表者たるこの国固有の僧（Bon）は、ラマのためにその地位と権力とを奪われたるを恨めり。また唐より来たれる純然たる釈徒は、仏法と魔法とを調和せる西蔵仏教の外に立って、その孤塁を維持せり。斯の如くしてラマ教発達の第二期を経過せり。この間およそ一百五十年なりとす。

第三期
ラン・ダルマ王
(lan daruma)
の破仏

第三期は西紀八九九年以来の西蔵破仏時代を云う。ラマの保護者たりし当時の国王［ティック・デツェン］は、その兄弟ラン・ダルマ〈朗達磨《ランダルマ》〉の為に弑《しい》せられて王位を簒《うば》われたり。ラン・ダルマ王は、ラマ教を悪《にく》むこと甚だしく、これを根底より殲滅《せんめつ》せんと欲し、三ヶ年間にしてほとんど国内の殿堂寺院を破却し、経典を焼き棄てしが、後仏法信者に暗殺せられて、その命を隕《いん》せり。一夜身を踏舞者に扮せる一人のラマあり。黒色の馬に跨《またが》り、弓矢を濶大なる衣服の裏に隠して、ラサ府の門前に来たり。馬より下りて、宮城前にて舞踏せしに、その舞踏巧妙なりければ、遂に国王ラン・ダルマの御前に召されて、親しく謁を賜うに至れり。その時舞踏者は、突然躍り出でて、王の佩える剣を奪い取りて、これを弑せしかば、宮中は上を下への騒擾に乗じて暗殺者は殿中を逃れ出で、前に乗り放したりし駿馬に鞭打ちて遁れ去り、賊は最近の河流に駆け込みしに、兼ねて煤煙を以て黒く塗りたりし馬は河を渡るの間に洗われて白馬に変じ、全く別人の如くなりしかば、追騎の目を略めて巧みに逃れ去ることを得たり。ラマの教徒は、その暗殺者を以て、宗門救済の慈善者と認め、これを聖列に加えたり。斯くて仏教はかつて失いたる勢力を回復して、再び宗門の繁盛を見ることを得たり、これをラマ教史の第三期なりとす。

その後およそ百年を経過し、僧侶の数も増加してその資財も豊富となり、随いて寺院の建立処々に勃興して、大いに仏教の繁盛を来ししが、西蔵国民の固有なる慓悍《ひょうかん》の気質は、何時しか消耗して、卑屈忍辱となり、支那インドよりは奢侈の風俗を輸入して、人民遊惰に流れ、社会および僧侶の道徳、次第に衰えて仏教もまたようやく振わざるに至れり。これに於いてか宗教改革の止むを得ざる機会を促せり。この宗教改革こそ、実に西蔵劇場の第四幕なれ。

第四期　アチーサ師（Atisa）の宗教改革

この宗教改革者は、有名なるインドの大学者アチーサ師（Atisa）なり。師はインド・ベンガルに生まれ、西紀一〇三八年六十歳の高齢にて西蔵に旅行し、この処にて数多の書籍を著述し、改革派の基礎を確立せり。これを今日の額爾徳巴すなわち徳行派《ゲルパ》（Ge-lug-pa）教旨の起源なりとす。アチーサ師はこの地に十四年間の功績を積みしが、ラサ附近にて円寂せり。

第五期　ラマ教大いにフビライに用いらる

余は元帝フビライ〈忽必烈《クブライ》〉（Kublai Khan）の時まで、二百年間前進すべし。フビライの祖先は、有名なる蒙古王チンギス・ハン〈成吉斯汗《ジンギスカン》〉（Genghis Khan）なり。フビライはその継承せる広大なる領土に、更に支那を合併し、欧亜二洲に誇れる絶大の版図を統御せし賢明の君主なりき。フビライは、その大帝国の多分を占めたる獷狉未開の野民を統御せんが為めに、宗教の必要を感じ、適当なる宗旨を得んことを希望せり。これに就きて一の面白き話あり。フビライは数多の宗教信者中に就きて、その代表者を撰抜し、これを召集せしに、孔子の儒教はもとより回々教、天主教より、更に西蔵の西南なる薩斯迦《サキャ》(Sakya)寺院の長たる学識あるラマも共に一世に会せり。

フビライは、これらの代表者中に就きて、その得失を較量《きょうりょう》せしに、遂に中原の鹿［帝王、ここではフビライ］は薩斯迦《サキャ》僧院長の掌中に落ちたり。これに於

第六期　ツォンカパの改革

いてフビライは、ラマ教を以てその大帝国の国教と欽定し、薩斯迦《サキャ》ラマを以てラマ教の総管長兼外藩西蔵の領主に封じたり。斯くてラマ教は、一躍して蒙古、支那の大部分に亘りて大いに信仰せらるる至れり。その時、フビライの信任を得たるラマは、有名なるパスパ〈帕克斯巴《パグスパ》〉（Phpgs-pa）にて、大元帝師の尊号を授けられ、フビライの命によりて、始めて蒙古字［パスパ文字］を制定したりき。フビライは、蒙古地方に数多の寺院を建立し、また北京に一寺院を建立したり。これよりその後嗣の各帝もラマを信ずること深く、ラマの教力はほとんどその頂上に達せり。これをラマ教発達の第五段階なりとす。

第六次にツォンカパ〈宗喀巴《ツォンカパ》〉（Tson K'apa）の事蹟に及ぶべし。ツォンカパは、ラマ教第二次の改革者にして、アチーサの改革したる宗教を更に改良せり。これアチーサ没後年所を経ることようやく遠く、僧侶の風儀次第に衰えて、すこぶるアチーサの理想と遠かりたりしを以てなり。これに於いてツォンカパは、当時の僧侶中より最も熱心なるものを召集し、二百三十五戒を守るべきを訓誡し、僧侶を寺院に宿泊せしめてこれに厳格なる訓練を施し、僧侶をして唯だ托鉢碗と祈禱用敷物（Prayen Carpet）およびインドに於ける托鉢僧の用うる他の附属品とを携帯せしめたり。ツォンカパはまた宗教の儀式を新設して、人々の注意を喚起せり。斯くてこの僧院長は、旭日の勢いを以て腐敗せる紅衣派ラマを圧倒して、新たに黄帽派の一新派を起こし、ラマ教の歴史中第六期を区画せり。そもそもツォンカパは如何にして斯の如き大勢力を得たるか、今簡短《かんたん》にその要領を記せん。

ツォンカパは、今の清国甘粛省（Kan-Su）のクンブム〈クンバム〉（Kumbum）と云える所に生まる。すなわち、青海《チンハイ》（Kokonor）附近の地なり。ツォンカパの理想は、天主教より得たるもの多しといえり。その証としてツォンカパが第一の教師は、隆《たか》き鼻を有せりといえり。この事実の報告に依りて、ユック神父〈アッベー・ハック〉（Abbé Huc）氏はこの教師は欧洲より来たれる天主教の僧侶ならんと云えり。ロックヒル氏はこれが解釈を下して云う、唯だ鼻の高かりしというを以てこの如きことを判断するはその論拠極めて薄弱なりと謂うべし。よし吾人は鼻を以て標準とすることを承認すとするも、韃靼人の鼻は、吾人より高からざるもなお吾人に等しきものあるを発見すべきなりと。また日くマルコ・ポーロ〈マルコポロ〉(Marcopolo)の説に拠れば、第十三世紀に西寧《シニン》(Sining)に基督《キリスト》信者ありきと。余もまた第十四世紀に基督教のすでに北京に布教せられたるを知れり。さればユック神父の論はすこぶる抱腹の至りなりといえども、その想像説はまた全く排斥すべからざるものあり云云。

ツォンカパは、齢十七歳にして西蔵国ラサ府に至り、西紀一四〇九年に府の東方およそ三十マイルの所に一寺院を建設し、これを甘丹《ガルタン》(Gahdan)すなわち極楽寺と称し、その徒弟を甘丹派《ガルパ》(Gahlug-pa)すなわち極楽信仰者と云いしが、その国音の雅ならざるを以て、後にこれを噶爾巴《ゲルパ》(Ge-lug-pa)すなわち徳行派と称せり。噶爾巴《ゲルパ》派は、大いに世間の信仰を博し、たちまち他宗を圧倒して、薩斯迦《サキャ》派すなわち紅衣派ラマより法王の冠を奪えり。この法王冠は、西紀一四三九年に至りて、ツォンカパの甥ゲンドゥン・ドゥプパ〈根敦珠巴《ゲデンダブ》〉(Gedendab)これを戴きたり。これすなわち第一世ダライ・ラマなり。その後六年、この大ラマはラサ府の西なる日喀紫《シガツェ》(Shigatze)に札什倫布《タシランポ》(Tashi

Lhunpo）寺院を開き、同時に色拉《セラ》（Sera）すなわち黄金寺およびデプン（Depung）の両寺院を開基せり。以上四個の寺院を以て、本宗の主要なる本山とせり。ゲンドゥン・ドゥプパは、実に活仏転生すなわち西蔵語［モンゴル語の誤り］のいわゆる畢勒爾罕《ポピルハン》の種を下しし人なり。

ラマ教発達の第六期より、最后の舞台に通過するには、二百年の時期を経ざるべからず。この時期を経過して、第二の蒙古戦勝者グシ・ハーン〈顧実汗《グスリカン》〉（Gusri Khan）が西蔵を征服せし時、すなわち西紀一六四〇年に到着すべし。グシ・ハーンはデプン僧院長ナワンロザン（Nagwan-lozan）の奸猾《かんかつ》なる野心家にして、国の擾乱《じょうらん》に乗じて主権を掌握せんとするを見て、彼に授くるにこの征服地の王権を以てし、ダライ（Da Lai すなわち蒙古語大洋の義）と云える蒙古の称号を与えたり。然れども西蔵人はこの称号を用いずして、ギャルワ・リンポチェ Gyal-wa Rim-pooch'e（陛下の大なる宝珠という義）の称号を唱えり。ナワンロザンは自ら観世音菩薩の権化なりと宣言し、先立てる四人の大ラマを、自己同等の位置に陞せり。従来転生の説は、死の瞬間、聖人の精霊の他の身体に移転し、連続として不朽なるものと考えしに、今はこの理想大いに変化し、大ラマは、単に人間たるその祖先の霊気を遺転したるにあらずして、全く仏菩薩の人間に転生したるものなりとせり。而して、蒙昧なる人民は彼が一片の虚栄心に駆られてこの荒唐不稽の説をなししことを感知せず、全く仏菩薩の権化したる活仏なりとして、大いにこれを崇拝したりき。

ナワン（Nag-wan）は、デプンよりラサに遷居し、これに宏大なる宮殿を経営して、これを普陀落《ポタラ》（Potal）の宮殿と称せり。普陀落《ポタラ》は梵語のPôtaraka or Pôtala にて、すなわち観世音示現の霊地なり。インドおよび支那四明の普陀落《ポタラ》と、当地とを併せて世界の三霊地と称す。斯してその相続者は、世々これに在りて、人々の精神界を支配せり。ナワンは［事実上の］第一世ダライ・ラマにして噶爾巴《ゲルパ》派の第五世大ラマすなわち法王なり。法王在位四十年、西紀一六八〇年に円寂せしが、秘して喪を発せず、位を空うすること十二年以上を経過せり。これ彼の名声を藉《か》りて、部下の僧侶［摂政サンギェ・ギャツォ］等が、図かる処ありしに由りてなり。ナワンの相続者は至って放逸なりければ、その職を褫《うば》われ、遂に暗殺せられたり〔ダライ・ラマ六世ツァンヤン・ギャツォは素行を理由に廃位され、北京へ移送中に死亡〕。これより国内大いに乱れ、支那人これに乗じて侵し来たり〔一七二〇年の清朝によるチベット平定〕、これまで維持したる宗主権を褫わるるに至れり。

西紀一八一一年マニング（manning）氏の視たるダライ・ラマは、すなわち第九世なりき。第十三世すなわち現在のダライ・ラマは、西紀一八七六年に生まれたりき。

西紀一九〇一年二月十六日附にて、亜東《ヤートン》〈ヤタン〉発テイラー嬢の通信中に左の記事あり。

このダライ・ラマは、夏期巡礼者となりて、その誕生地を訪《みま》い、帰途天然痘に罹《かか》り間もなく全快せしかども、その看病に従事せし二人の兄弟もまたこれに伝染したり。ここにまた政治上の大擾乱ありき。ダライ・ラマの保護者にして、彼が晩年に至るまで摂政王として行動せし西蔵の一酋長ありしが、この酋長は、法王を殺害せんとする意志ありと讒《そし》せられき。讒者《ざんしゃ》の日く、この目的を達する

タシ・ラマおよび大ラマ、ラマの勢力

には、三要件を要す。なかんずくその二件はダライの頭髪と歯垢となり。他の一はダライの歯なり。この酋長はダライ八歳の時にすでに一本の歯を抜き取りてこれを所持せしが、頭髪歯垢および歯の三を紙に包み、普陀落《ポタラ》の地に秘密に埋葬したりしに、この紙の小包は翼を得たりけん、いずれへか飛び去りて跡を留めざりきと（ダライを呪いて殺すの義）。保護者たる酋長は、斯かる笑うべき讒誣《ざんぶ》の為に、遂に捕縛せられ、四人の閣員は、これに死刑を宣告せんとせり。然れどもダライはこれに賛成せざりしかば、已むことを得ず、これを獄に投ぜしに、終に獄中に死せりと云う云云。

ダライ・ラマに次いで権力あるものをタシ・ラマ〈札什喇嘛《タシラマ》〉（Tashilama）と云う［パンチェン・ラマのこと］。すなわち札什倫布《タシランポ》（Tashi-lhumpo）僧院長なり。阿弥陀仏（Amitabha）の権化転生せる活仏として、大いに世人の崇敬渇仰するものなり。蓋し知略に富みたりしナワンは、秩序維持の便法として、この次位の法位を設けたるならん。すなわちダライ・ラマは最上位にありて、最上権を有すると同時にタシ・ラマにも相当の権力を与えて、両者の競争を避

けんとするにありき。第三世タシ・ラマは西紀一七七四年にジョージ・ボーグル〈ジョージ、ボッグル〉（Geoge Bogle）と親交ありし人なりき。第四世は西紀一七八三年にターナー（[Samuel] Turner）氏の見たるものにして、第五世［追贈を含まない代数の数え方。追贈を含むなら八世］は西紀一八八二年に円寂し、而して現在のタシ・ラマ［トゥプテン・チューキ・ニマ。追贈を含まないなら六世、含むなら九世］は、西紀一八八八年以来この顕栄の位置を保てりという。

余は未だ大ラマ（Gland-lama）に就きて何の説く所あらざりしが、ダライおよびタシ・ラマに次ぎてなお四箇の大ラマあり［ガンデン・ティパやアキャ・リンポチェなど、代表的なものでも他に多数存在する］。すなわち次の如し。

（一）蒙古大ラマ［ジェプツンダンバ・ホトクトのこと］（Mongolia Grand lama）すなわち喀爾喀《カルカ》（Khalkas）に於ける庫倫《クーレン》（Urgya-Kuren）のラマ廟［ガンダン寺］に居るもの。［一八六九年に生まれたジェプツンダンバ・ホトクト八世はボグド・ハーンとして一九一一年から二四年までモンゴル最後の皇帝

を務めた]

(二)「ニンマパ」(Nin-ma-pa) の大ラマすなわち紅衣派にして、西蔵薩斯迦《サキャ》の廟に居るもの [サキャ寺にいたのはサキャ・ツィーリンだが、サキャ派であってニンマ派ではない。]。

(三) ブータンのダルマラジャ (Dharma Raja) にして、ダグパ宗派 (紅衣派の一派) に属せり [ブータンの世俗的摂政「デシ」だと思われるが、宗教指導者としては「ジェ・ケンポ」、活仏としては最高位の「シャブドゥン」が存在]。

(四) ヤムドク湖 (Yam-dok lake) の著名なる僧院長 [サムディン寺のドルジェ・パンモ。女性の活仏]。

以上の大ラマは、悉く仏菩薩の権化なりといえども、今これを一層詳説せんには、事専門の智識に渉りて、一般読者には益する所尠かるべし。読者は唯ラマ教が西蔵を中心として、南はブータン、ネパールより、東は支那本部の西境より、北は蒙古、シベリアに至り、西は中央アジアの各地に渉りて、幾億万生霊の精神界を左右し、その勢力甚だ大なることを記憶せば足れり。

西蔵の経典

第十章　西蔵神学

ラマの神学は、恐るべく且つ驚くべきものありて、あたかも紛糾せる糸の如し。いずれの端を引くもますます縺《もつ》れを来たすが如く、容易にその条緒を発見しその帰趣を悟ること能わず。ウォデル少佐〈メーショア、ワッデル〉(Major Waddell) 氏は、この問題に関して一書を著わししが、その所説正確、引証該博にして、ラマ研究には、実に屈強の津梁《しんりょう》たり。氏はこの書を著わさんが為めに、指定せられたる一堂にありて、親切なるラマの補助と説明とを得て記述せしにも係らず、なおかつ氏はラマの系統を以て、仏、幽鬼、および仏菩薩として遍く渇仰せらるる聖賢の混沌たる群聚なりと云えり。

西蔵仏教を研究せんには、甘珠爾《カンジュール》 (Kan-gyur) と称する戒蔵を読まざるべからず。甘珠爾《カンジュール》は一百八巻よりなり、各千頁の大巻にて、冊数一千八十三あり、各巻の重量千ポンドにして、長さ二十六インチ、幅八インチ、厚さ八インチなり。

皆帙入となれり。この巨大なる経典を運搬するには十二匹の犂牛《りぎゅう》を用いざるべからず。その木版を蓄うる所の家屋は、数棟併列して、厳然一村落の観をなせり。この書は、主として支那および梵語の経典より反訳せるものにして、その最初の木版は、二百年を経たる今日なおこれを使用し、各寺院にはその全部を所有せり。この原本の外になお注釈を加えたるもの二百二十五冊あり、これを丹珠爾《タンジュール》（Tanjur）すなわち雑蔵と称す。この内には、哲学、文法学、修辞学、機械学、化学などを含有せり。甘珠爾《カンジュール》、丹珠爾《タンジュール》の二蔵経は、西蔵仏教の二大宝典なりとす。

この外に、なお経典の大部あり。すなわちパドマサンバヴァ師、およびツォンカパら高僧碩学《せきがく》の著書なりと云う。これらの経論に加えて、なお十万を下らざる詩歌を有する一書あり。その一部は観世音の配偶と称する如来Tathagata および慈悲の女神の讃美歌などなり。西蔵人は、経典を尊敬すること甚しく、これを神仏の如くに崇めり。されば甘珠爾《カンジュール》の前には灯明焼香を絶たず、たとい一片の経典といえども、宝物としてこれを保存せり。経典を印刷せる紙は、木皮を以て製したるものにて、記載する処の文字は極めて粗大なり。然れどもその価はすこぶる高価にして、かつて北京出版のものは、六百ポンドにて売却せられたり。蒙古の成る種属は、この写本を七千匹の犂牛を以て買い取れりという。また以て信徒の信仰極めて篤くして、費用を愛《おし》まざることを知るべし。

教旨

ラマの教旨の衆生済度に在るは勿論なれども、自ら吾人のいわゆる仏教とは、ややその趣を異にする者なきにあらず。ラマ教は西蔵を作り、西蔵はラマ教を作れり。故にラマの教旨を知らんと欲せば、まず西蔵人を知らざるべからず。西蔵人を知らんと欲せば、まずその心を知らざるべからず。西蔵人の心は西蔵の湖の如く、空気は晴朗にして、各種の水禽《すいきん》は漪漣《いれん》の上に漂い、幾多の粗毛獣は湖岸に直立せる黒岩と相掩映せり。仏教は来たりて湖中にその影を投じ、光彩陸離たる光明を放ちて、永く十方を遍照《へんしょう》せり。この仏教は、いたずらに単純なる戒の宣言に止まるが如き質素なる仏法にあらずして、その開祖の寂滅後幾多の星霜を経過したれば、自ら許多の分子を混じ、総ての外道と知らず識らずの間に一致連合をなせる瑜伽《ゆが》〈ヨガ〉(Yoga)派の如きあり。或いは女神(Kali)および他の形状に依り、天然力を崇拝するタントラ〈タントリー〉(Tantrism)教あり。ここにはこれらの教旨および儀式を詳密に記載することを省くべし。西蔵仏教の志想《しそう》も実行も、その基づく所は、皆ヒマラヤ山を越えて輸入せられたる、この仏教の旨趣にあらざるはなし。且つこの国の往古より存在せる、幽鬼崇拝宗の行われたる中に、その聖徒伝と共に卸されて自らこれを合一したれば、加持祈禱はもとより論なく、咒咀《じゅそ》、厭勝《えんしょう》、占卜《せんぼく》などに至るまで一としてラマの管掌せざるはなし。実にラマは、西蔵人の精神界の全部を支配せるものなり。

ラマ教は、インド仏教の全部を併呑《へいどん》せしも、いわゆる円飲《まるの》み込みにて、消化せざりき。然れども、仏教とラマとの間に各互に相連絡せる不易の観念の存在せるを証す。例えば釈迦牟尼の如きは、前に世を去りし人間たる仏系の一人なりと云われたり。また次に弥勒(Jam-pa 梵語にて Maitreya)という慈悲の仏あり。首府ラサには、弥勒の巨像ありて、三層の建物中に直立せり。巡礼者はこの巨像の周囲を巡りて礼拝す。その順序は第一に脚下を、第二に胴部を、第三に宝石にて装飾せる頭部を螺旋的に巡りて礼拝することを得べし。この巨像は、粘土にて作り、黄金を以て被覆したる光輝燦爛たるものなり。極楽にて最も嗜好する物の記号としてインドより蓮を採用せり。その意蓋し不潔の土地に接触せずして、水中より起こり、如何なる汚泥中に在るも染まずして、少しもその固有の粋を損せざるを以てならん。またこの花の暗黒隠密中より美麗に成長するが如く、仏の誕生および成道を寓意せるならん。視るべからざる且つ無限の仏ありて、他に挺てり。これを法身普賢〈アヂ仏〉(Adi Buddha)という。沈思熟考して禅定(dhyan)に入れる五個の仏を創造せり。これすなわち禅定仏(Dhyani Buddhae)にて五元および五識の源なりという。次を菩薩(Bodhisats)とす。禅定仏の代理をなすものなり。これらの仏菩薩は世間に幸福を与うるものなり。

普通の仏菩薩

本来の仏菩薩の外に、なお仏菩薩の地位に陞《のぼ》りたる聖人あり。この人はすなわち涅槃の域に達したるもの、すなわち大悲大慈の功徳を施したるものなり。

(一) 文殊菩薩(Manjusri) 智慧ある美声の仏なり。その右手には盤根錯節《ばんこんさくせつ》

転法輪すなわち
輪廻の模形

を切断せんが為めに準備せられたる智識の光赫々たる剣を持し、左手には蓮華上に於ける経文を支持せり。

(二)金剛菩薩(Vagrapani)金剛《ドルゼ》を振う人の義、馬手には青色の金剛を持せり。

(三) 観世音菩薩 (Avalokiteśvara) すなわち観自在菩薩) 視察する人の義なり。その西蔵の名称は江来孜格 (Chen raisi) と云い、その画像は如来 (Tathagata) の配偶の如く、蓮華上に坐せり。時として十一面を有し、数多の眼を有することあり。

転法輪 (Wheel of life) 命の輪の義、すなわち輪廻の模形は、全く仏法信者の観念にあらずして、西蔵の思想の多分を占有せり。この輪は六個に区分せらる円盤よりなり、その表面には無量の生存およびその状態を記載せり。この六区分は更に六道すなわち再生の六地方を示せり。この輪は人の生命に着《つ》き纏《まと》う所の恐怖を意味せる妖怪によりて摑まるるなり。その中心には、願望の三像すなわち、鳥、蛇、および猪あり。その周囲の輪鉄を十二分して各種の絵を画き、以て因果応報の輪廻を示せり。

六道すなわち再生の六地方は、地獄あり、極楽あり、これ取るに足らざる問題なれども、ギルモア（[James] Gilmour）氏の説けるが如く注意すべき事あり。すなわち罪悪に対する処罰の適用なり。今一例を挙げんに、飲食の欲を恣にせし人は、死後の結果は飢餓を以て罰せらるるなり。この人は餓鬼道《がきどう》に再生し、山の如き大なる身体、洞窟の如き大なる胃腑を有し、これを満足せしむること極めて難く、常に飢餓に苦められ、あたかもシベリアの狼の如く食物眼前にありといえども、その口甚だ少なくして針孔の如く、その咽喉窄くして髪毛の如くなれば、思いのままに飲食してその欲を充すこと能わざるなり。生前の貪食の罪業に依りて、死後餓飢道に堕落し、この飢餓の罰を受く。すべて生前の業因によりて死後相当の所罰を受けざるべからず。六道はすなわち各人の受くべき結果を示したる輪廻なり。

第十一章　僧侶および僧院

僧侶は国中到る処に充満して、あたかも雨後の筍の如く各所に繁茂し、西に東に到らぬ隈なく散布し、随所城壁然として峙ちたる僧院の宏大なるに驚くべし。

黄教派僧侶の服装は、その宗規に基づける暗淡黄色の衣服にして、暗赤色の不潔なる下衣の上に、相当なる帯にて結束し、その上に刺繍せる外袍を着けたり。而して、この帯よりは、革製の罎《びん》、筆筒および巾着などと共に神聖なる器械を吊下せり。

長靴は、犛牛の毛皮を以て底とせる硬き赤色の獣皮よりなり、その長さほとんど膝に達すべし。下着および外袍は僧侶たることを示し、帽子はその形見も殊別にして、その宗派の如何を示せり。

帽子の形状大小に就きては、その種類極めて多し。ここに示せるは単にその一種の摸形《もけい》に過ぎず。重要なる摸形は三個にして、その色は、黒、紅、黄の三種なりとす。黒色帽はその形円く、頭巾形にして、何となく気違じみたるものにて、これを被れる様はすこぶる異様にして真に飛ばんとするが如き状あり。而して各人の嗜好に依りて、羽毛などを以てこれに装飾を施せり。この帽子は西蔵固有の幽鬼崇拝すなわちボン派（Bon-pa）の帽子にして、形状最もその宗旨に適せりと謂うべし。紅帽は、その形、欧洲の僧冠の如く、上方に向かってビラありて蓮花の形状を取れり。支那伝来の仏教をそのままに維持せるニンマ派（Nin-ma-pa）の僧侶、および薩斯迦《サキャ》派の僧侶これを被れり。

黄色帽もなお欧洲の僧冠の如くにして、その頂光れり。長きビラありて、両側に長く尾の如く垂れたり。この帽子を被ぶれるものは、徳行派すなわちツォンカパの開基したる宗旨にて、現在西蔵の国教となれるもの、いわゆる黄教の僧侶これを被れり。

特別の色、殊に紅、黄は日常生活の各条欵にまで及ぼせり。紅帽は紅教派にて、赤色の条文《すで》を現わしたる家屋内に生活し、赤き念珠を用い、赤色の蓮花を愛す。これに反して黄教派は黄色の帽を被ぶり、万事その特有の黄色を用いて、紅教派と対峙せり。

各人必ず念珠を手にせり。この外特に奇態なるは少児の轟匣《ガラガラ》の如き形状をなせる祈禱筒（Prayer cylinders）［マニ車］と称するものこれなり。この祈禱筒は始めてこの国に入りしものには、特に奇態に感ずべし。念珠を爪繰り、低声に唱名することは、ほとんど我が国の俗に似たり。聞き慣れざる西人は、その声を形容して「猫の如くグルグル呻吟《うなり》す」といえども、これ決して悪し様にいいしにはあらずして、その声低き念誦の、自から騒音として聞かるるによるなり。この習慣的なる念誦することは、実に勉強の甚だしきものにして円き珠を連ねて製せる念珠の各顆《つぶ》も、瓜繰ることのはげしき為め薄き小なる管の如く磨滅せるものありという。

念珠

念珠を製する原料には、数多の種類あり。黄色の念珠は、中部支那の樹木を以て製し、紅帽派の用うる粗なる鳶色のものは、外部ヒマラヤに産する某樹の種子を以て製せり。また人の頭蓋骨を以て碁石の如く小円板に製し、これを連ねて念珠とせるもありき。種の仏菩薩は、各その好みに応じて特殊の念珠を携帯せり。観世音菩薩は具殻にて製せる白色の念珠を以て礼拝せられ、幽鬼は人間の頭蓋骨にて製したるものを採用せり。この外念珠の材料には、硝子、水晶、蛇の背骨、象の頭脳中に有する硬き物質、赤檀香および胡桃などの種々あり。

ラマ族《セリース》［ケイリーの原文は lamaseries であり、これはラマ僧院を意味する lamasery の複数形である。それを編著者は lama series すなわち「ラマ」＋「シリーズ」と解釈したと思われる］は、自ら「ゴムパ」（Gompa）と称せり。ゴムパとは、すなわち隠遁の民の義なり［正しくは隠遁の学僧が住む学寺のこと］。ゴムパはその数極めて多く、西蔵国にて無慮三千に達すと云う。ゴムパの家屋は、日光にて乾燥せる磚瓦、石、粘土にて結搆せり。支那人はこれの如き家屋を碉と呼べり。木材は至って乏しければこれを用いず、一般に寂寞の地を撰びてこれを建て、容易に人の近接し難き高地にあるもの多し。或る寺院の如きは全く人界より遮断せられたる絶所にありて、好時季の時といえども、これに参詣するには危険なる通路に依りて、わずかに達することを得るのみ。寺院の宏大なるものに至っては、宛然《えんぜん》都市の如く、幾多の庵寺は連なりて長き市街をなせり。その家屋は二階もしくは三階のもの多くして、平屋なるは稀なり。その中央の重なる建物は会議堂および本堂なり。屋根はいずれも扁平なり。その上に犛牛の毛を以て織れる布にて製したる巨大なる祈禱筒、襤褸《らんる》、および旛幢を立てて、その紐など周囲の壁に垂下せり。寺院の位地は山を背にせる清浄の地を撰びてこれを建て、必ず東方に面せざるべからず。寺院の位地に就きて充分の希望を云えば、その前面に風光明媚なる湖を扣《ひか》えざるべからずという。

寺院に参詣するには、常に塔（Chorten）旗竿および枯槁《ここう》せる樹木の間を通過せざるべからず。塔は或るラマ上人の記念碑にして、石を以て畳み、その内にその遺骸を納めたり。これインドの卒堵婆《ソトバ》（Stupa）に像《かたど》りたるものなり。その本来の形状は上部は半円形をなして、あたかも椀を伏せたるが如く、高き柱礎の上に在りて、王者の記号たる傘を冠せる方柱の柱頭をなせり。その後発達して十三天に像れる十三帯の鈍尖塔をこれに加え、その頂上には鐘、蓮華、新月、円き太陽などを有せり。西蔵人はこの普通の形質を保存せり。然れどもその上部の半円形なるを転倒して、下部狭く上部に開けり。ラマの舎利、経典および他の遺骸は、各その目的を以て製せる塔中の壁の凹処に安置せり。旗竿と旗との形は、支那とインドとの折衷式なり。各学校の児童は、必ずインドの著名なる阿輸迦《アソカ》（Asoka）すなわちアショーカ〈阿育〉王の有名なる勅令に就きて聴きしことあるべし。アショーカ王は、仏教のコンスタンティヌス〈コンスタンチイン〉なり。王は崇仏の願望と、経典より抜粋せる一、二句とを銘刻せる柱を創設せり。インドの各地にて王の建設せし柱甚だ多し。その六本は今なお直立して二千年以上を経過せり（西紀前二五三年より二五一年に至る）中に就きて最も完全に保存せられ、その原形を存ぜるものは、チャンパラン〈シャンパルン〉（Champarun）州のローリヤ（Lauriya）市にある獅子柱なりとす。その高さ三十九フィートと六インチありて、柱頭の下部にハンサ〈ブラス鵞〉[ケアリーの原文ではBrahmani geeseブラフマーの乗り物でもある白い鵞鳥]の普通の花冠［蓮華］を有せり。アショーカ王の柱は石造なり。然るに西蔵の旗竿の木製なるは如何。蓋し西蔵旗竿の制は、ビルマの影響を受けたるなるべし。ビルマの寺院は高き竿と旛幢とを備えり。各旗竿にはハンサを彫刻し、その旛幢にはアショーカ王の柱に擬して、崇仏の語を記せり。ビルマにては木材は至って安価にして、石は極めて高価なり。故に王侯等の少数の富者にあらざれば、石柱を建つること能わず、通常人は安価なる木材を用いて満足せるなり。西蔵人はビルマ人の如く木製の旗竿を使用し、その旗の上部の一隅には、獅子を書き、下部には鳥類を書けり。これすなわちその獅子柱頭、鵞鳥の花冠などの遺物あるべし。

西蔵の旗は、その中央に龍頭の馬を書けり。これ実に支那の四不思議の動物の一にして、荘厳の符徴たり。

ラマ族［正しくはラマ僧院 lamaseries］中、最も権力強大にして、僧侶多きものをラサ府の西方三マイルなる別蚌寺《デブン》（Depung 米の堆積の意）なりとす。黄金にて葺ける殿堂の周囲に群集せる七千人の僧侶あり。大ラマの遺骸は、その附近の塔中に葬れりと云う。

校補者云う、ラサ附近の大寺は、府の東南八十清里は甘丹寺《ガルタン》、西北十六清里に布雷峯廟《タシルンポ》、北八清里に黄金寺《セラ》、南に桑鳶《サムイエー》寺あり。西十五清里に別蚌《デブン》寺ありて、別蚌《デブン》最も盛大なるが如し。またその里程も三マイルと云えるに合えばデプン寺を以て仮に別蚌《デブン》寺に宛てたり。而して別蚌《デブン》、色拉《セラ》、甘丹《ガルタン》、桑鳶《サムイエー》を蔵の四大寺と称す。

その二　黄金寺

次に主要なる寺院を、ラサ府の北方一マイル半なる色拉《セラ》すなわち黄金寺なりとす。色拉《セラ》は雹《ひょう》の意なりと云う者あれども信じ難し。この寺院には五千五百の僧侶と、数多の恐ろしき頭をなせる仏像とあり。またほとんど近くべからざる所の岩角に孤立せる数多の小房あり。これは世棄人の隠遁せる所なり。三大殿堂の壁は黄金を以て被覆せり。この寺院は著名なる金剛《ドルヂエ》すなわち降魔杵(Dorje)あるを以て特に有名なり。この金剛はインドより空中を飛び来たりしものとて、本寺の堪布《カンポ》(役僧)これを珍蔵し、西蔵に於ける金剛の根本的模範なりと称し、毎年一回開帳して人民の参拝を許せり。

一年これをラサに運び来たりて、衆庶の礼拝を許せり。ダライ・ラマはこれを敬してその頭上に置き、支那大人《アムバム》(Ambam)〔駐蔵大臣〕以下重なる官吏も、

その三　札什倫布寺

順次にこれを礼拝したりき。

第三に位するものを札什倫布《タシロンプ》寺（Tashi Lhonpe）（名誉の集まりの義）なりとす。ラサ府の西南およそ五百三十三清里を隔てたるヤルンツァンポ河の南岸日喀紫《シガツェ》より一マイルの所にありて、全然一都府をなせり。市の壁には五箇の門を穿てり。東方には禁喫煙の制札あり。四千の僧侶は壁内に住し、その本堂は宏大にして百本の柱を建て、二千人の説教聴聞者を坐せしむべし。札什倫布《タシロンプ》寺に於ける珍奇の建物は、キクタムサ（Kiku Tamssa）［タンカ、仏画壁］なりとす。その高さ九階にして、頂きは楔形または斧の広大なる刃の如し。此処はラマの食堂にして、僧的卓上には羊、犛牛および山羊の死体を以て満てり。またこの建物は宏大なる黒板すなわち衝立《ピクチュアスクリーン》にして、その目的より斯の如き異形を呈せり。年々六月十一月の両度この寺院に仏書の展覧会を開催して、この建物の表面に絹地に書ける大仏像を懸け、無数の群集はこれを拝せんが為めに来たり集えり。この仏像は長さ百尺ありて主要なるものを弥勒（慈愛の仏）の像なりとす。巡礼者は遠近より来たり、集まり、この書を視、その絹の総に接吻せんとして、互いに圧し合えり。この仏像は西蔵人の悲哀を慰め、その霊魂を訪問すること、あたかも耶蘇教に於いて、一婦人が神の後に至り神の衣服の縁に触れて、その病を癒ししという話に似通いたり。

その四　薩斯迦廟

名ある他の僧院を薩斯迦《サキヤ》寺（黄褐色の土地と云う義）なりとす。ヒマラヤ山中の最高峯エベレスト峰の北方、およそ五十マイルの所にあり。元の時、パクパ以来、紅衣派ラマの大本山にて、紅教の始祖コンチョク・ギャルポ〈崑貢確嘉卜《コンコムメチャギャルボ》〉K'on-Dkon-meh'ogrgyal-po 西紀一〇七一年頃これを開けり。世襲の住持ありて、仁育菩薩の後と称す。数千のラマ常にこの中に修業す。本寺は西蔵国中最大最一の建物なりと云う。大図書館を以て名あり、その書籍は非常に多く、書中の文字は黄金または銀を以て彫り上げられたるものありと云う。

その五　多爾吉抜姆宮すなわち金剛豬寺

普陀落《ポタラ》より西行半月程に、珍らしき一湖あり。ヤムドク〈雅木魯克《ヤチドク》〉(Yamdok蠍《サソリ》の義）湖と云う。その形蠍《さそり》の形に似たるを以てこの名あり。これに仮名サムディン〈サムヂン〉(Samding）と称する僧院ありて、数多の比丘尼と僧侶とありて、これに住し、一人の女胡土克図《フトクト》［ドルジェ・パンモ］これを統督せり。世に北斗の精［ドルジェ・パンモ、すなわちヴァジュラヴァーラーヒーは荼枳尼天《だきにてん》として北斗七星と同一視される］の化する所と称す。西紀一九〇一年にこの婦は齢方に四十五歳なりき。サラト・チャンドラ・ダスはラサの旅行にこれを見たりしと云う。当院は蠍の頭の前、両手の爪の相対せる中間に当たれる島に面し、高き三百尺の屹々たる岩石上に建てり。長き石の階段ありて、その両側には壁あり、この階段を登り詰むれば、当尼寺の門に達す。寺内には常に厳重に閉鎖し、誰も入ること能わざる秘密室ありて、ここに従来斗精の権化たりし者の遺骸を安置せり。現在の僧院長たる貴女も、他日必ず死体防腐法を施されて、鬼気陰々たるこの幽室内に奉置せらるべきなり。各僧院長は、一生涯に一度は必ずこの物凄き骨堂に入りて、修繕を加え、その法祖を弔い、定例の式に依りて礼拝するを義務とせり。この貴女は金剛石の牝豚（Diamond Sow）すなわち金剛豬の称号を以て遍く国中に知られたり。読者決して笑うことなかれ、これ名誉の名称なり。二百年前当僧院、蒙古酋長ツェワンラブタ

その六　雍和宮

ン〈第巴桑結《チーバサンテ》〉のために攻撃せられし時、その第一世僧院長は不思議の妙力を現わして、その宝物の略奪を防御せり。蒙古兵の寺門内に侵入するや、唯だ数匹の牝豚ありて守護せるを見たりしが、これを追い払いて略奪せんとするや、蠢弥たる豚は忽然変じて、イトモ尊敬すべき僧侶と比丘尼とに現じて、荘厳なる容貌を示ししかば、流石貪欲無慚の蒙古人も、俄に畏敬の念を生じ、その毒手を収めたりとぞ。現在の貴女は決して横臥して、就眠すること能わず、終日椅子に凭《もた》りて眠り、夜は沈思黙考の状態にて、長時間座せり。時にラサ府に来ることあれば、人々最敬礼を以てこれを迎うという。

　北京の僧院を雍和宮と云う。その寺格甚だ高し。僧侶一千を住ませしむ。悉く蒙古人なり。主要なる殿堂には仏の木像あり。高さ七十フィート、足指二十一インチあり。両手に大なる蓮花を持ち、その胸部には宝石類を装えり。行廊《わたどの》はその周囲を繞《めぐ》り、青銅の二個の大獅子は、その両側に立てり。この建物は、絹の幕および西蔵産の絨緞《じゅうたん》を以て、華麗に装飾せり。往年我が国に来朝せしアキャ・リンポチェ〈阿嘉胡土克図《アチャフトクト》〉はこの雍和宮の高僧なりき「アキャ・リンポチェは一九〇一年に寺本婉雅《てらもとえんが》の尽力によって来日。しかし、同化身ラマは通常、雍和宮ではなくクンブム寺の僧院長を務める」。

その七　クンブム寺

クンブム（Kumbum）寺院は、青海（Kokonor）の附近にあるツォンカパの生誕地に於いて、その紀念の為めに建築せしものなり。これを青海地方の大本山とす。これに有名なる白檀香あり。ツォンカパの生まるるやこの樹不思議に成長し、十万の葉、悉くその肖像と神聖なる文字とを現わせりと云う。ユック（Huc）氏は実際にこれを目撃して報告したれば、その樹のあることは疑いを容れざるなり。氏の報告する所は、大略下の如し。曰くその文字は、葉脈など木葉固有の部分より成りて、その位数各葉皆異なれり。但し嫩葉《どんよう》の如きは唯だその一部分を示すのみなり。

この最も愉快なる物を視し時は、何となく一種の感覚に打たれて我知らず流汗面を沾《ぬら》したりき。もっとも他の旅人は、この記事を証明するにいささか困難を感ずべし。何となれば、唯だ確乎たる信仰者のみ、この葉上の文字を認識し得べければなり云々。

その八
ウルガすなわち
庫倫のラマ廟

外蒙古ウルガ（Urgya）にある大ラマの寺院［ガンダン寺］は、北京の西方四十日の行程に在り。ここには二十八個の大学校と、一万四千の僧侶ありて、四周の広野は常に巡礼者の天幕を以て充満せられたり。これ蒙古地方の大本山なり。この外、内蒙古の多倫諾《ドロノル》の廟、満州盛京の実勝寺、山西省の帰化城、五台山、陝西省西安府の広仁寺などは大ラマの住持せる著名の寺廟なりとす。

その九
ヘミス寺院

西蔵の西隣ラダック国（Ladakh）に於けるヘミ（He-mi）すなわちヘミス〈ヒミイス〉（Himis）寺院は、首府レー（Leh）より十八マイルの所にあり。毎年夏期観世音の祭日［ツェチュ祭］にはヘミス市はカシミール国より来る巡遊者、市内は塡咽《てんえつ》し、仮面を着けたる舞踏は終日挙行せられ、僧侶は恐るべき異様の装をなして整列し、院本の一節を演じつつ、諧謔の狂言をなし、俗人の頭脳にラマの教務と、共に一種の印象を与えんことを努めり。

各寺院の中央部は、すなわち殿堂なり。通常の民家にても、各種の室の外に、毎日の礼拝に供せんが為め、少なくも必ず一箇の仏壇を有せり。寺院の殿堂の内面は、奇麗に彩色を施し、壁には壁画を絵き、赤色の梁には蓮華などの花弁

礼拝

を画けり。転法輪は通常その玄関前に画けり。仏壇上には三箇の宝物すなわち仏、法、僧、の宝あり。これを仏の三位一体とも云うべきか。この三者の記号は、礼拝をなす際には、いずれの所にてもこれを見ざるはなし。仏像は仏を代表し、書籍は法を代表し、宝塔は教旨を代表せり。

ラマの本堂にては、毎日各種の物体を模造せるものを供えて仏に手向けり。その模造品は、麦粉または米の粉を捏《こ》ねて造りたるものなり、ラマはこれを仏前に供えて繁瑣鄭重《はんさていちょう》なる儀式と、念仏とを以て供養するなり。儀式終われば左の如き祈禱をなせり。「総ての万物に幸福を与え給え、我々をして煩脳の域を脱せしめ給え」と。

堂内の坐次は、秩序誠に整然たり。通常の僧および新参の僧は、本堂の両側に位序を正して、長くして低き曲禄《きょくろく》に坐せり。曲禄の右方彼方の一端には僧院長の法座ありてその次は役僧の坐あり。その反対の側には、この営造物の管理者、およびその助手の坐席ありて、いずれも一斉に読経するなり。門に接して礼拝の間ありて、仏に手向くべき茶を置くべき卓あり。この入口には祈禱桶

ラマの訓練

(Prayer Barrels) ありて、場、所の許す限りは大きくこれを作れり。礼拝の間の一側には祭壇あり。その祭壇は、簡易なるものにても、高低二列をなせり。低き方の棚には水、米、花および灯明の供物をなし、高き棚には二、三の経典金剛、御水鉢、金属の鏡、鐃鈸、法螺具、長き望遠鏡様の号角、人の大腿骨にて製したる喇叭、および大鼓を置けり。大なる鼓は架に懸け、時としてはその一極に孔を穿ちてこれにて支うることあり。小鼓はその形我が国の小鼓に髣髴《に》たものにて、革の緒を結び付けたる球頭の抱にてこれを撃つ。その他、人の頭蓋骨にて製したる鼓もあり。

ラマ教育の科程は、長くして且つ厳格なり。八歳にして寺院の学校に入学せしめ、体格検査をなし、アルファベット［チベット文字］より始め、次第に古人の金言、および日常義務の一端を暗記せしむ。その親族は、一ヶ月間に一度、この小児に面会することを許さる。斯の如くして二ケ年を経過するなり。この間を試験生（Dapa）すなわち喝食《かつじき》と称せり。その後保護者はこれを学友に紹介し、仲間入りをなさしめ、姓名を僧録に謄録《とうろく》して拇印せしめ、袈裟には銀貨の如き記章を附し、剃髪して厳格なる宣誓式を挙げ、始めて法名を得るなり。而して自費もしくは両親の費用を以て、寺僧全体に茶の餐応をなす。斯くて初めて僧見習（G-tsul）。なお進んで住職となるには、更に十二ケ年間の研学をなさざるべからず。その課程は、加持、祈禱に関する書籍、高僧伝、および夥多の経典よりなれり。試験は頻繁にして、公開の問答、論難に勝を得ざるべからず。この問答法は、頻々これを行いて、その修行を研ぐ一方法とせり。時としては二千人の学友たる聴衆の目前は直立し、一生懸命の勢力を奪いて、問答をなさざるべからず。但し真に熱心にこの問答法によりて学を研ぎ胆を練るものは少なくして、多くは唯だ形式的にこれを行うに過ぎざるなり。然れども、「ラマの食物を喫するものは鉄の顎《あご》を要す」との諺を玩味せば、自から幾分の消息を発見すべきなり。

第十二章　西蔵の人情風俗

不潔の習慣

西蔵人は遊惰《ゆうだ》を好む人民にして、また極めて不潔なり。その衣服は一度着用すれば廃棄するまでこれを脱することなく、またこれを洗濯することなし。この国は寒気特に甚だしくて、毛髪はその面上に凝固し、人は温暖を保たんが為めに、厚き外套に包まれ、その状あたかも歩める蒲団の如し。蓋し懶惰《らんだ》と不潔とは人民の性質にもよるべけれども、寒気の甚だしきより、自ら動作の不便を来たし、遂にこの厭うべき習慣をなしたるならん。特に西蔵婦人は、不潔なる鳶色《とびいろ》の絵具を以てその両頬を塗りて装飾とせり。この絵具は、インドに在留せる欧洲人は、豚の血なりと云えども、恐くはさにあらじ。この習慣の起源は詳かならず。或る人の説に由れば、昔一人の嫉妬深きラマありて、その婦の、他人に対する愛嬌を殺ぐの目的より出でたる仕業、遂に一般の習慣となれりと。実にその燻りたる如く視ゆる面貌は、その醜悪なることはこの上もなく、吾人はこれ以上に嫌悪すべきものを想像せんとするも能わざるなり。

然れども、斯く醜悪ならしむる実際の理由は、全く寒気を防ぐにあり。『唐書』「吐蕃伝」に棄宗弄讃王［ソンツェン・ガンポ］は、文成公主が国民の赭面《あかつら》を悪みしかば、令してこれを禁ぜし由を記せり。以てその由来の久しきことを察すべし。また男子は自ら「パタ」を以てその面を塗ることありと云う。この如き習慣は、寒気甚しき所の蕃民に多く見る所なり。

不潔なる所には幸福なし。西蔵の家屋とその人民の不潔なるとを見ば、その人民の如何に不幸に沈淪《ちんりん》せるかを知らん。家屋は、粗石または日光に乾燥したる磚瓦などにて結搆したる粗造の二階建のもの多く、その屋根は皆扁平なり。粗慥なる階段は、外部よりその頂上に達すべし。屋根は、あたかもロンドン〈倫敦〉市中の洗濯日に於ける後庭の如く、襤褸《ぼろ》の幡を軟風に翻せり。これすなわち有名なる祈禱幡（Prayer flags）［タルチョー］なり。而して家畜は一家中の土間を占有し、人はその上部の室を占有せり。寒気甚だしければ窓戸少なく、採光法不完全にして、単に屋根に小孔を穿ちて、採光と煙突とに充てたるのみなれば、室内は薄暗くして、不潔に源因《げんいん》せる異臭鼻を撲《う》ち、そのいぶせき様は、人をしておもむろに古代の囚獄《しゅうごく》を想像せしむ。この家屋を碉という。支那四川、甘粛の諸省の辺徼《へんきょう》、青海地方など皆同一様の構造なり。住民の過半は、遊牧を業として天幕中に住せり。中には獣皮にて蔽《おお》いたる陋屋中に住むものあり。また漁網に似たる犛牛の毛を以て織りたる嚢よりなれる黒き天幕に住するものあり。天幕の形は六角形にして、あたかも冑腑を地面に附し、痩せたる長き脚に依りて、直立不動の姿勢を取れる蜘蛛《くも》に髣髴たり。さればその構造は以て寒気を防ぐに足らず、また暴風の為めに容易く吹き倒さる憂いあり。而して、この黒き天幕を黒帳と称し、これに住するものは、蒙古種の遊牧民なり。

支那国境にある碉は、内部の中央に高き泥土の平き台ありて、これを「炕《カン》」(K'ang)と呼ぶ。すなわち韓国の「温突《オンドル》」と同様にしてこれを以て竈《かまど》、暖炉、および寝台に兼用せり。西蔵人は、その家屋に白粉を塗りて装飾する風あり、然れども内面は否らず。ウェルビー大尉〈カピテン、ウェルビー〉氏(Captain Wellbey)青海のクンブム(Kumbum)地方に滞在中、その方法を観察せしが、土人はまず白粉をとりて能く水に混和し、屋根に登り、壁に沿うてこれを注下するなりといえり。

西蔵人は家具と称すべきものを有せず、唯だ二、三の箱、壷、椀皿、鞍、乾燥肉および糧を貯うる獣皮製の袋あるのみ。

然れども、各戸その家の守り神あり。そは甚だ不愉快なる妖怪の種類にて、支那の厨庖《ほうちゅう》の神の如く豕《ぶた》の頭を有せり。この神は、常に一定の所に静止することなく、屋内の一隅より一隅に遍歴動坐《へんれきどうざ》して、家人の心配と苦痛との源因たり。この神の一隅に立てる間は、其所を掃除すること能わざるは、勿論これに触るる時は、神を潰すの恐れありとせり。この神の動坐方位は、悉く暦中に記載したり。但し神体はもとよりこれを視るべからざれば、何時いずれの所に出現したるや日常の事なれば、すこぶる忘却し易くしてたちまち神怒に触るるの恐れあり。これを以て西蔵人は常に惴々《ずいずい》として大いにこれを警戒せり。万一これを過《あやま》てば、神怒に遭いてたちまちその祟りに逢うの不幸あり。然れども、この神は怜悧《れいり》にして極寒の時季には、常に座を炉辺に占め、夏季には戸外にその位置を占むという。

気質

普通人民の気質は温和にして、往々快活なり。殺人の如き惨酷なる所業は、蕃族を除くの外、ほとんどこれを知るものなし。これ仏教入りてより、人の生命を大いに尊重すべきことを知りし効果ならずんばあらず。然れども、毫も信義を重んずるの念慮なく、彼の術数に富める支那人との交通ありしより、ますますこの悪むべき性質を助長せし傾きありて、その没道念なるに比すれば、支那人はなお信義の観念に富み、西蔵人に取りては、実は親切懇篤《こんとく》なる朋友たるなり。

婚嫁

西蔵の家族制度は極めて異様なり。一婦多夫はこの国に普通にして、しかもその夫たるものは必ず兄弟なり。妻は兄弟数人の共有物なりといえども、同時に兄弟数人相同居することほとんどなし。一人家にあれば、他は悉く家畜と共に外に出て、もしくは商用の為めに他方に出ずるを常とす。美人は多くその両親よりこれを買い取る。その価至って高く、三十四の犛牛を以てせざれば買うこと能わざるものあり。西蔵人は、一妻多夫の制を好みてこの習俗を保存せり。

その見解に由れば、経済的にして、家族親密に、家産を増殖するに便なりとし、婦女もまた数夫に事《つか》えて、一家輯穆《しゅうぼく》の誼を完くするを以て名誉とせり。且つこの制は、男子をして交代に外に牧畜せしめ、また交代に長時間の旅行を為すことを得しむ。もしこの制微《なか》りせば、妻たるものの保護場を発見すること困難なり。殊に婦女子もまた唯だ一夫に事えて、もしその夫死なば、これたちまち寡婦たる不幸を蒙らざるを得ざれども、多夫なる時は、決して寡婦たる不幸を見ることなしと信ぜり。

この国の人は、旅行先にありても、通常その地の婦人と予め時を限りて、一時的の婚姻をなせり。その時期は一ヶ月定めのものあり、或いは一年もしくは二年継続するものあり。この婚姻はその時期の継続する間は、互いにその約束に束縛せられざるべからず。

また南部地方に於いては、富貴の者はインドの習慣に感化せられて、間々一夫多妻なるものあり。また純然たる一夫一婦の者もありて、世界のあらゆる婚姻法は、この国に於いて見ざることなし。

結婚法は甚だ緩漫なり。男女は正式の婚姻の契約をなす前に当たり、その相適合するや否やを調査せんが為めに、或る時期の間、共同の生活を営み、意気相投合すれば嫁娶《かしゅ》の約を結び、黄道吉日を撰びて、親戚知己を招く。親戚知己は相集りて、絹の哈達《カタ》を以て新郎新婦を装飾し、宴を張りてこれを祝す。然れどもこの結合は自然的にあらずして、婦人は更に富める者を撰びて現在の夫を棄てて走り、夫はまた妻の容色衰うる時は、直にこれを棄てて、更に新婦を求めんとす。婬奔《いんぽん》俗をなし、不義密通は、ほとんど当然の事として人のこれを怪しむ者なし。

校補者云う、西蔵は随処俗を異にすれば、この婚姻法は、某地方の習俗なりと思うべし。全国の婚姻法を列挙せんは、煩雑にしてこの書の能くする所にあらず読者諒せよ。

西蔵婦人の地位は、一方より見れば甚だ卑賤なれども、一方より見れば甚だ尊貴にして、一家の女王なり。日常自ら労働に服して、自己の財産を有し、一家の全権を掌握せり。

祭日の婦人の盛装は極めて華麗なり。読者は或いは西蔵婦人の頭髪を見たることあらざるべし。この国の辺徼未開の部にありては、頭髪は乱れたる布箒の如くなれども、他のやや都会めきたる所、および殊に首府ラサの附近にては、流石に幾分の手入届き婦人は百条ばかりの弁髪をなして、肩より背に垂れ、刺繍せる絹布の上狭く下広き領巾《ひれ》の上に懸れり。この領巾には、金銀宝石を以て装飾を施し、金銀珠玉の耳飾をなし、その額には宝石にて装飾せる布を纏いて、その状あたかもラジャ（Rajah）［王侯貴族］［が］仏の像に施せる銀の装飾に等し。両手にはさも重からんと思わるる程の銀の指環を箝《は》め、また耳飾を着けたり。金銀宝玉を用うること贅沢なるは、西蔵婦人は蓋し世界屈指の一なるべし。貧民といえどもその装飾の華麗なるを見れば、如何にこの国が貴金属に富みて、金銀の産出無量なるかを知らん。

バウアー氏（Bower）曰く、不潔なることこの上なき羊皮製の衣服を着けたる婦人にして、往々数百金を価いする銀の装飾品をその身は着けたり。而してその装飾品には、金粒を鏤《ちりば》むること稀ならず。また茶碗は元来貴き品にあらざれども、なお銀製の茶托、銀製の蓋、および銀製の匙子《さじ》にて茶を喫する男子を視たりと。ロックヒル氏曰く、男子も女子と同じく、許多の金銀宝石にてその身辺器具に装飾を施せるを視たり。すなわち銀を以て刀剣の柄、および鞘、鞍、銃、火打箱、および木の盆などを装飾し、また耳飾、指環、魔術箱などは、これらの金属を以て製し、珊瑚《さんご》およびトルコ玉を鏤めてこれを飾れりと。

敬礼

西蔵にて、およそ人に見ゆる時は、その人に向かって、我が両臂を地平に伸ばすを以て普通の礼とせり。『唐書』には、拝は必ず手地に抝り、犬号をなし、再摂して身止るとあるは、当時の礼なりしならん。西部阿里《アリー》地方にては、官これに見ゆるに帽を脱せず、只だ右手を以て、額上より指し、唵嘛吽《ヨンマウン》と三度念誦するのみ。土人が官吏に遇う時は、帽を脱し、両手を垂れて、路傍に立ちて拝す。土人の官吏が、駐蔵大臣または他の支那派遣の官吏に対する礼も、またこれの如し。最も奇なる礼式は、舌を出すことなり。これ土人の最敬礼にて、土人の官吏たる者より、下一介の人民に至るまで、ダライ・ラマもしくはタシ・ラマに謁する時は、皆帽を脱し、合掌して舌を長く口外に伸し、頂礼すること三度、手を垂れ、足を聚め、気を殺し、鞠躬如《きつきゆうじよ》として法座の前に詣るなり。この時ダライ、パンチェン〈班禅〉は、払手を以てその頭を払い、或いは手を以てその頂を摩すという。斯くダライ、パンチェンより親しくその頂を摩せられたる者は、至大の栄誉にして、幸福の兆しとし、人皆これを羨望すと云う。『大唐西蔵記』によれば、インド敬礼の法に、足を舐め踵を摩する法あり。西蔵人舌を出すの礼法も、或いはこれに基づくものならんか。もしそれ哈達《カタ》贈答の事は、既に前に述べたればこれに省く。

西蔵人は、大いに小児を好愛せり。これに反して老人を冷遇する風あるは、全く支那の俗と相反せり。西蔵は、他国に比すれば小児は至って乏しきが如し。而して父母のその小児を愛する様は、唯だその無邪気なる愛らしき片言交じりの言語を聞きて、笑い戯るるに過ぎず、すなわち一種の玩弄品視するに過ぎざるなり。男児は父親に属し、女児は母に属す。少児の生まるるや、まず獣脂または油を以て全身に塗擦すといえども、頭部にはこれを塗らず。これ少児をして、死に至らしむるの恐れあればなり。沐浴は生まれて十五日目に始めて為さしむという。

女児生まれたる場合には、生後二日、男児生れたる場合には三日、朋友知己および近隣の人々来たりてその慶を述べ、嗆《チヤン》Chang（西蔵の酒）と称する酒と、幸福を祝する為めの哈達《カタ》とを送るなり。その哈達《カタ》の一つは生児の頸に纏い、他は両親に与う。次いで祝宴を張り、或いは歌い、或いは跳り、人皆酔い倒るるに至るまで夜を徹して鯨飲《げいいん》す。もしその母にして怜悧《れいり》なる者は、これの如き酔醜をなすに至らず、僅かの酒を味わいたる後、直にその寝所に就きて睡眠すという。

児童教育

少児やや成長すれば、火を吹くこと（一種のふいごにして、小羊皮にて作り、その一端に鉄の嘴管《しかん》を附着したる不器用なる器械なれどもその効用極めて多大なり）井水を酌み来ること、釜中の食物を撹《か》き拌《ま》ずること、薪炭を採集すること、および家政の一部分を教育するなり。ようやく長ずれば、出でて家畜を監視す。その僧院に行くべき運命を有するものは、これを学校に入学せしむ。この学校は、児童を遇すること極めて厳酷にして、読書の覚え悪しきか、或いは習字に過ちある時は、教師は、扁平なる革の鞭を以て、横さまにその胸部を打つ。石盤は、黒塗の木板にして、膏を塗り、これに粉末の白粉を撒布したるものなり。習字には木筆を用い、筆を運ぶに従いて、白墨を剝ぎ去り、その黒地を現わす。懶惰なるか、または成績不充分なる時は、その保護者たるものは、公に笞罰《ちばつ》を受けざるべからず。

輪廻すなわち転生の説は深く国民の脳裏に印し、日常の生活に応用せられたり。故に詩歌に物語に一々これを証明せざるはなし。この輪廻は単に人類の間に行わるるのみならず、人と下等動物との間にも親しき関係あるものとせり。この説はラマに苦痛と圧制との恐るべき機関を供せり。ラマは人々の吉凶を占考せんが為めに、一種の双陸盤《すごろくばん》を有し、その上に骰子《さいころ》を置けり。盤面には過去、現在、未来の三世を示さんが為めに、種々の画を絵《えが》けり。而して骰子とこの盤面の絵画と符合する様に造れり。骰子を振りて出てたる数は、すなわち怖るべき先途の運命を卜《ぼく》するものなり。迷信者はその怖るべき運命を解除せんが為めに、僧侶の保護を得んと欲するあまり、漸次にその財産を褫き取らるるを知らざるなり。

護符および予言者

人々皆神仏御守護の符を身に附け、また一般に経典の一片を色糸にて緊縛するか、或いは金属の小箱に容れてこれを懐にせり。その他仏舎利、仏の着けたる衣服の一片、または仏像に被せたる衣服の一片、或いは孔雀の羽を所持せり。家族の護符として神秘の組み合わせ文字あり。これを魔紙もて包み、狗、山羊、羊の毛を以て捻れる糸にて縛り、更にその全部を鼷鼠《ハツカネズミ》の皮にて包みたり。この如きものは家内の護符にて、その観念は家族的元素の一致を祈るなり。また獰猛なる番犬の攻撃の予防策として、各旅人は足械《あしかせ》口網を施し、金剛に繫げる犬の画を護符とせり。道に踏み迷える旅人、および暴風雨に遭遇したる時、これを救済せんが為めには、馬を絵ける紙を風に飛散することあり。咀法はなおこれに止まらず、一人の政府の魔術家は、毎年華やかなる行列をなしてラサ府に至り、当年中の豊凶その他出来事を予言す。彼はダライ・ラマを訪問するのみにて、その他を訪わず、却って官吏の方よりこれを訪問せざるべからず。西蔵人はこの予言者を以て、国家の経済上、必須欠くべからざるものと思惟せり。

療病法

もしこれに一事件の判断を依託《いたく》するには、謝金として十タンカ（Tanka 六ペンスの価）ないし一万タンカを呈し、併せてその願意を紙面に認《したた》めて呈せざるべからず。数多の請願者の来たり集まるを見て、預言者はおもむろに帷幄《いあく》を開き、暫し神に念じ、請願者に供米を投じ、やがてその身体顫《ふる》い出し、遂に無我無中の有様となり、請願者の間に答えて、その吉凶を開示するなり。もし人ありて、「如何にして私の用地に雨を得べきか」と問わば、その答えは、曰く「祈禱幡を立てよ」と。

　西蔵にては医を厄木斉《イムチー》という。その療法極めて幼稚なり。而して土人は医の投薬よりも、寧ろラマの呪法厭勝を願えり。殊に奇異なる習俗は、もし家内に病人ある時は、家人は大いに注意し、百方力を尽くして患者の日中の睡眠を妨害せり。これ患者日中に睡眠する時は死亡の恐れありと信ずるが故なり。患者の家にラマを請ずれば、ラマは汲々として悪魔を退治せんが為に昼夜鐃鈸《によう はち》を打ち、大鼓を打《たた》き、恐ろしきまで喧騒せり。疾病には、護符を買い求めてこれを以て治し得べしと想像し、或いは護符を飲ましめ、或いは鏡上に護符を反照せしめて、これを洗い去るあり。或いは神仏に供えたる水を飲ましむることあり。ショー〈セウイー〉氏（[Frederic Becker] Shawe）の話に依れば、某患者は護符として仏典の数頁を飲み尽せしことありという。

ラマは、射利《しゃり》に就きて大いにその権力を振えり。ショー氏曰く、人あり金銭の支払いをなす能わざるか、または支払いを好まざる時には、ラマはその人を呪咀して痿縮《いしゅく》せしむと云々、また悪虚非道なる人の掌中に落ちて憐むべき有様に陥らんことを感ぜしめ、或いは我が収穫は大いに不足し、家畜は死亡し、自己および家族は厭うべき病の為めに困《くる》しめらるるならんと感ぜしむ。斯くてラマは世人に愛重せらるるにあらずして、唯だその権能を恐怖せらるるのみと。

律法は極めて横暴なり。ラマは腰掛けに坐すれども、犯罪人は勝手次第なり。その刑罰は罰金を科せられ、或いは手足を断たるることあり。重罪犯もその処罰を金銭にて償うことを得べし。国内普通の犯罪は窃盗ありとす。西蔵人はその誰たるを問わず、決して我が室内に他人を留むることを好まず。またその兄弟といえども決してこれを信用することなし。小盗は西蔵人の巧妙なる技術なり。ラサ府内乞食の一半は一手一足、もしくは一眼を失えるもの多し。これかつて犯せる罪ありて、加えられたる体刑の結果なり。盗みは時としては荊棘《けいきょく》を以て笞《う》ち、または裸体として山中に放逐することあり。囚人は惨酷にこれを拷問し、重罪犯には水中に浸溺せしむる法あり。斯く惨酷なる刑あるに拘らず、血を濺《そそ》ぐことを嫌悪せり。これ仏教の観念に基づけるなるべし。

人民は、芝居、行列、および各種の興行に狂奔せり。特に悲愴の音楽を嗜好す。この性情は大いにラマ教の発達拡布に必要なる機会を与えたりと謂うべし。ラマの重なる収入は、亡者ある家より得る処の布施なりとす。

西蔵人死すれば、ラマ来たりて霊魂を抜き取るまでは、その遺骸を動かすこと能わず。少しにてもこれを動かせば、霊魂逃れ出でて妖鬼に捕獲せらると信ぜり。故に白布を以て亡者の両部を蔽い、おもむろにラマの来るを待つ。すでにしてラマの来たり到るや、極めて静粛に亡者の枕頭に坐し、悉く戸牕を閉鎖し、然る後西方浄土すなわち極楽（Sukhavat）に至るべき方位を示せる歌を唱い、最後に己が食指と拇指《おやゆび》とにて、亡者の幅より垂るる三、四本の毛髪を握りてこれを抜き去るなり。これ頭骨に孔を穿ちて、霊魂を逸せしむる方法なりとす。

　ラマの卜者は、天体を窺うて、埋葬の時日およびその方式の種類を定め、然る後遺骸を坐禅せしめ、綱を以て緊くこれを縛り、室の一隅に安置す。かくて親戚故旧には、埋葬の時日を通知し、これに饗応始まりて数日継続するなり。宴席にては各自その皿に盛れる所の食物の一部を以て必ず亡者に供せざるべからず。而してその間数人のラマは終日終夜紙数を分かちて、分業的に読経し再三再四これを反復せり。これ読経の分量如何によりて、亡者に与うる功徳に多少ありと信ずればなり。

　ラマの狡猾なるものは、亡者の貧富によりて往きて宣言して曰く、憫《あわ》れむべしこの亡者の霊魂は、地獄に堕つべし。これを救い出すには若干の費用を投じて、その回向を営まざるべからずと。遺族はその言うがままに費用を給し、やがて、この儀式を終われば、彼はまた曰く、未だ完全ならずして、霊魂の一部はなお中有《ちゅうう》に迷い、一部はなお体内にありて出ずること能わず、これを導きて浄土に赴かしめんには、更に回向せざるべからずと。斯くて再三回向供養に托して、僧侶はその衣囊《いのう》を肥やすことを得るなり。埋葬の日至れば、更に饗宴を張り、宴畢《おわ》りて行列は進行す。会葬者は、哈達《カタ》を亡者に呈し、その一端を遺骸に附着し、或いは親族のものは哈達《カタ》の一束をその背に負い、ラマは哈達《カタ》を以て道案内をなし、鼓を鳴らし、大腿骨にて製せる喇叭を吹き、徐々と進行し、しばしば後辺を顧みて、遺骸と共に出立せし霊魂を招けり。もし亡者にして生前ラマたりし時は、斯の如きことをなすの必要なし。何となればラマは本能的にその通路を知りたればなり。

行列は丘陵の項に攀じ登り、此処に遺骸は或いは埋葬し、或いは火葬にし、或いは斬り裂きて鷲の餌食に供せらる。鷲はこれを見るや卒然飛び下りてこれを摑み食う。土人は鳥類の体内に埋蔵せらるるを以て名誉と思えり。この習慣の由来はもとよりインドに在ること論を俟たざれども、一は地面の堅く氷結したる時は、普通の方法にてこれを埋葬すること極めて困難なると、荼毘《だび》の煙とせんにも木材なき地方にては、その費用多くして、到底通常人の堪うる所にあらざることはますますこれの如き奇習を助長せしにはあらざるか。ヤムドク(Yam-dok) 湖地方に於いては専ら火葬行われ、また水中に放棄することあり、また犬に与うることあり。或るラマ族 [ケアリーの原文では lamaseries すなわちラマ僧院] の如きは、この目的に供せんが為めに、数匹の□《判読不能》狗を飼養せりと云う。

以上は、死亡者ある場合に、親族の費用にて、法に拠りて執行せる儀式の一端を示せるなり。もしそれラマを火葬したる灰、およびラマの画像を焼きたる灰は、これを粘土に和して捏ね、大賞牌として所有するを以て無上の名誉とせり。

工芸

西蔵人中には、陶器師、肖像の鋳造師、金工および石工などあり。今より三百年の往時に、某技師は、ヤルンツァンポ江に、八個の鉄鎖よりなれる吊り橋を架設したることありしが、その中の二、三は今なお存在せり。この技師は西蔵人の今なお神として崇敬する所なり。この国には、斯の如き卓絶せる天才にて、適当の評価もなく、また保護もなくして、静かに潜伏したりしことは論を待たざる所なり。殿堂の屋根を葺く黄金板は、需用多くしてその製造巧みなり。ユック氏の記載する所に拠れば、ラサ府には梵鐘の鋳造所および仏像を販《ひさ》ぐ大商店あり。この地は仏像に富みて、到る処岩石の上に立ちたり。而して各家屋も、それそれ仏像を安置して、概ね寺院たるの観あり。

画像もまた夥し。仏画師はほとんどラマなり。画像は絵絹に書けども、或いは石灰もしくは一種の粉末を塗布せる綿布にもこれを書けり。その方法は、小孔を穿てる形付板を用いて輪郭を書き、その上に木炭の粉末を篩いて書くなり。彩色は凡俗にして濃稠《のうちょう》なり。これに膠《にかわ》を施して、湿気に逢うも、その画像の消滅せざる様に注意せり。これの如き画像は、なお我が国の懸物の如く、これを仏壇に懸け、その一隅には、画者自ら盛装したる自己の肖像を画けりと云う。

ラマの美術中、最も珍らしきものはパタに着色し、これに薄肉彫を施したるものにて、最も有名なり。この美術品は、クンブム地方に多し。パタは全国何地も、各種の物品を塑造するには好材料として用うれども、この地は最もその名を博せり。ロックヒル氏の記載に拠れば、この薄肉彫のものは長さ三十フィート高さ十フィートばかりにして、これを架搆《わく》にて支持し、別にパタを満てる小き真鍮の碗数十百個を併列し、その各個に木綿の燈心を挿してこれに点火せり。その彫刻せる所の題目は、もとより宗教的にして、各種の神仏の像を彫り、或いは極楽地獄の光景を現わせり。而してその中央にあるものは、他よりも四フィートばかり高くして、その後辺には長き行列戦争などの如き、種々の模様を彫りたり。また高さ八フィートもしくは十フィートを越えざるものは数百ありき。このパタの大板上に施したる微妙精巧なる細工と、その間を逍遥徘徊せる、ラマの華麗なる装いとは、相掩映して光彩燦然たり。この薄肉彫りの一個を仕上ぐるには、ほとんど三ヶ月の労力を要す。而して製造人を奨励せんが為めに与うる賞は、只だ一言の褒詞に過ぎず。されども、その細工の最も精巧を極めたる者には、僅かの金銭を賞賜することあり。この職人は、年々歳々新工夫を凝らし、嶄新なる技量を振える、卓抜なる技師も輩出すと云う。

六字の陀羅尼

ダライ・ラマおよびタシ・ラマより、その礼拝者に対して、粘土製の大賞牌を下賜することあり。石に彫刻したるものは至って乏し。然れど六字の陀羅尼《ダラニ》、または六音の呪と称するものは、間々これを視ることあり。その陀羅尼とは

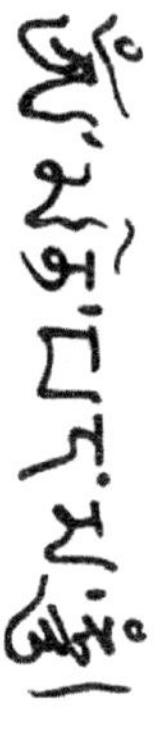

Om mani padme Hum.

唵　嘛呢　叭嚩　吽

にして、この語を染め出せる綿布は、随処に高く飜れり。その高さはもとよりまちまちにして一定ならず、また祈禱筒の周囲に銘刻し、老若男女は朝に昼に晩にこれを念誦し、山の側面、壁、家屋の門戸、路傍の岩石にまでこれを彫刻せり。その意味の如何を問えども誰もこれを知るものなく、然れどもこの陀羅尼の御利益に就きては、人々驚くべき信仰を有して、いずれの時にても幾度となくこれを書き、これを読誦し、これを反覆せり。この陀羅尼を文字上より直訳せば O Jewel in the Lotus! O! すなわち嗚呼蓮華上の宝珠となれども、原語の意味よりすれば単に「ああ蓮華上の」と謂うべきのみ。この単純なる語にして、斯の如く神聖に、この如く功徳あるは、ほとんど解すべからざるなり。蓋し西蔵人は、彼の蓮華上に安坐せる観世音菩薩に祈禱することなりと思考せるならん。西蔵人は、観世音菩薩は権化《ごんげ》してダライ・ラマとなれりと信仰せり。

ダライ・ラマは、西蔵語にて、ギャル・ワ・リンポチェ（Gyal-wa Rin-po-ch'e）という。すなわち大宝法王と云う義なり。而してタシ・ラマは、宝珠と云うことにして、その称号は西蔵語にてはパンチェン・リンポチェ（Pan-ch'en Rin-po-ch'e）と云う。すなわち普覚真智如意宝珠と云う義なり。モニエル・ウィリアムズ〈モニア、ウイリヤム氏〉（Monier William[s]）の話に拠れば、この陀羅尼の起源、およびその真意の如何は、しばらく問わず。地球上いずれの地方にても、人として斯の如く再三再四反覆して、祈禱をなす者を見ず。西蔵人はこの陀羅尼を以て、災難を払うの万能薬、総ての智識の撮要、総ての才智の倉庫、総ての宗教の摘要なり、としてこれを信仰せりと。

その功徳の実際の秘訣は、この陀羅尼の六字は、人類の未来に当たれる、六個の門戸のいずれにも潜勢力を有するものなり。換言すれば全生活物の通過すべき、輪廻の六道のいずれにも潜勢力を有すと云うことなり。故にこの陀羅尼を数々反覆すれば反覆するほど、その進路ますます短縮して、各道の苦患を免がるることを得るなりと思えり。この陀羅尼は、綿布または紙の巻物に記して、祈禱筒の周囲に纏えり。この祈禱筒（Prayer Cylinder）は、桶状にて水か、風かまたは器械仕掛けにて廻転す。その状は大なるものあり、また小なるものありて、数個を排列し、縦軸より突出せる凸縁ありて、あたかも糸巻の如し。参詣者は、その前を通行する毎にこれを廻転するなり。参詣者は常に尊敬の符徴として、右方に通行すれども、ラマはこれに反して左方に通行し、以て俗人と区別せり。

或る寺院にては、大なる祈禱筒、およびこの祈禱筒の模形百万を有せり。ショー氏曰く、もし西蔵国に蒸気力を輸入せば、必ずまずこの祈禱筒を廻転するに応用せらるべしと。

祈禱壁 Mani wall は、特別に彼の神聖なる陀羅尼を銘刻せる板を貯蔵せんが為めに長き低き石の線にして、斯の如き壁を建築するを以て功徳とせり。ラマは国内を遍歴し、人々の需めに応じて、岩石または板上にこの陀羅尼を彫刻したれば、全国到る処にこれを見ざるはなく、随いてその形状もまた様々なり。

第十三章　言語文字

今ロックヒル氏の調査せし所によりて、左に東部西蔵の言語、すなわち青海地方の発音の特性を示し、併せてラサ、巴塘《バタン》（Bat'ang）およびツァロン（Ts'arong）地方の発音に関する字音譜を挙げん。以上三者中に在りて、ラサ音はその高尚なるが為めに、輓近標準語として国内一般にこれを採用せらるるに至れり。

青海地方の発音は、国内他の地方よりは鋭し。その理由は、博言学者の研究を待つもの極めて多し。この地方の語集および句法は、実際ラサと異ならず。勿論支那語、トルコ語、および語源の明らかならざる数多の土語はあれども、ラサの土人は直ちにこれを理解し得る所より見れば、その特性の著しき相違あるを見ざるなり。

博士テリアン・ド・ラクペリ〈ターリエン（Terrien）〉〔Terrien de

Lacouperie] 氏は、東部西蔵の種属に就きて曰く、支那境附近の東部地方には、ギャロン〈ギャールン〉(Gyarung) すなわちチェンツュイ (Chen-tui) と称する数多の種属ありて、その言語はホジソン氏([Brian Houghton] Hodgson) の研究に依れば、フィリピン〈ヒリッピン〉のタガログ〈タガルス〉語に酷だ類似せりと云えり。然れどもこの語はチェンチュイより来るマンヤカ語にして、巴塘《バタン》、打箭炉《タチエンルー》、甘孜《カンゼ》〈カンゼー〉、結古鎮《ジエクンド》〈ゼクンドー〉の住民の如きは、一様に西蔵語を談話せり。なかんずく教育あるものは、ラサ人の如く容易く自由に発音せるなり。

西蔵の文字は、トン・ミ・サンボータ〈通密織菩喇《トンミサムボダ》〉がインド・デバナガリー文字に擬して製作したるものにて、その数三十字母あり。その内母音と称すべきもの二字、子音と称すべきもの二十八字なり。今左にその発音字体を示す。母音は འ་ཨ་ の二字にて共に「ア」と発音し、ほとんど区別なきが如くなれども、その用所を異にし ཨ は多く首字に用う。

この三十字母の外に四個の記号あり。これを用いて音に種々の変化を与

う。その記号とは、ི すなわち「イ」にてこれを吉固《ギグー》といい、ུ はuすなわち「ウ」にてこれを紗補佳《ジャブギュー》といい、ེ はeすなわち「エ」にてこれを徴卜《デンブ》といい、ོ はoすなわち「オ」にてこれを納囉《ナロー》という。この記号の上もしくは下に引ける横線は、只だこの記号を文字の上もしくは下に附くべきことを示せるまでにて、別に意味あるにあらず。すなわち四種の記号中唯だ「ウ」のみ文字の下に附くべきものなり。今この記号を用いて音の変化の一班を示せば上の如し。すなわち母音「ア」字にこの記号を附すれば「イ」「ウ」「エ」「オ」となり(1)また子音「カ」にこれを附すれば「キ」「ク」「ケ」「コ」となり(2)更にその下に母音「オ」を添うればその長音となる。

またこの四記号の外にo点を字頭に加うればmすなわち「ム」または「ン」の発音を示す例ははomすなわち「オム」となるが如し。以上述べたる所によりて「本郷区」と綴らば左の如し。

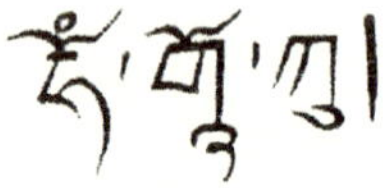

本　郷　区

而して「キョー」「リョー」などの如き音を表すには文字を重ねてこれを表示す。例ははkyoすなわち「キョー」にてはを変じて記号として用いたるなり。仍って「リョー」すなわちroyはなり。西蔵文字はローマ文字と同じく左より横書するものなり。字の右肩に▼を附するは綴字を表する記号にて、これ「ツェック」と名づく。また｜は英語の「コンマ」「セミコロン」「コロン」に等しきものにてこれを「シャット」という。「シャット」の前には「ツェック」を附けざるを例とす。但しの字に限りてこれを両

用し ད། と記するなり。今左に五、六の演習の例を示す。

ཀ་ར་　ka-ra

ཀར་　kar

སྒོག　εock

སྒོད་　got

ཐོབ་　top

ཁྱིར་ཁྱིར་　kyir-kyir 円、輪

ཁྱི　kyi 犬

ཀྱུ　k°yn 鎌、鉤

ཕྱུག་པོ་　e°ug-po 富

ཟླ་བ་　da-wa 月

ཐོན་མི་སམ་བྷོ་ཊ

Ťonmi sam bhota 人名

སྲོང་བཙན་སྒམ་པོ་

εrom-tsan-gam-po 人名

（注意）西藏は中央東西等地方に随いてその発音に変化あることを知らざるべからず。例は པ་ の前にある ཀ་ および མ་ は東部西藏に於いてm「ム」と発音するが如し。すなわち ཉམ་པ་ ñām-pa སྙེམ་པ་ ñem-pa の如く、また བྱེ་མ་（砂）は中央西藏にて jĕ-ma と発音すれども、西部西藏にては bé-ma と発音するが如し。この他地方によりて少異同ありと知るべし。

中央政府の組織

第十四章　政治

西蔵は、清国の保護国と謂うべし。国の主権は、もとよりダライ・ラマの掌握する所なれども、外交、兵事は、北京政府より派遣せる駐蔵欽差大臣の手中にあり。駐蔵大臣は、理藩院に属し、正副二人ありて、参賛の大官二人、会計官二人ありてこれに属し、ラサおよび日喀紫《シガツェ》に駐在せり。なおこの次位の官人三人、属員三人ありて、各所に分駐せり。西蔵に駐屯せる軍隊は、満洲旗軍四千五百人なりしが、時に緑旗漢軍を用いしことあり。およそ三年を以て交代せしむ。この駐屯軍人は、ラサにありて土人の婦を娶り、商業に従事せるもの多しという。兵員は時によりて増減あれば、一定の数を掲ぐること能わず。この清国派遣兵の外に、なお士兵若干あり。四川総督は、直接に西蔵の行政上に干渉する権能なければども、接壌《せつじょう》の地にあれば、北京政府の内命によりて、監視の地位に立てり。

ダライ・ラマの政府は、民政および宗教事務を管掌せり。然れどもダライ・ラマの権力は、挙げてこれを噶倫《カロン》〈噶倫卜《ギャルポ》〉(Gyalpo)に委任せり。噶倫《カロン》は四大寺院の住持中より撰び、清国政府の認可を得て就職せるものにて、終身官なり。噶倫《カロン》は名はダライ・ラマの宰相なれども実は西蔵国王にて、ダライ・ラマ幼稚なるときは、摂政の位地にあり。

この一種の国王の下に五人の大臣ありて、戸部、司法、大蔵および宮内の事務を分掌し、その一人は特にラマより採りて、専ら宗教の事務を掌《つかさど》らしむ。地方には地方官あり。烏《ウ》(u)、蔵《ツアン》(Tsan)、阿里《アリー》(Nari)、喀木《カム》(Kham)の四県には知事を置き、他の各地方にはこの四県の知事よりやや低き地位の官人を置けり。また数多《あまた》の土司《どし》(独立の小酋長)ありて、その四人は殊に厳然一小王国の観ありという。札什倫布《タシロンプ》もまたこの土司の一なり。土司はいずれも駐蔵大臣に直轄せらる。

人口の上より見れば西蔵の中心は、中帯および南方の二部にありとす。而して中帯最も主要なり。これを四県に区分せり。西より数うれば第一は阿里《アリー》

(Nari or gnari) といい、次を烏 (u) および蔵という。この二者は通常相合して烏蔵《ツアン》或いは烏斯蔵《うしぞう》と称す。最東の四川省に接する処を喀木《カム》という。阿里《アリー》はすなわち小西蔵と称する所にてラダックおよびバルチ［スタン］を含み、英領インドに接して、コルスン (Khorsum) あり、ネパールに接してマングィユール (Mangyul) あり。

烏蔵は、ヤルンツァンポの沿岸、最も肥美なる地を占め、実にこの国の中心たり。主要なる市街寺院皆この内にあり。今西より重なる都会寺院を数うれば、ヤルンツァンポの南岸に Iu-nglavhe あり。これより河流に沿うて下ること八十五マイルにして日喀紫《シガツエ》の都邑ありて、これに札什倫布《タシロンプ》寺あり。これより更に流れに従いて下ればその支流に沿うて首府ラサあり。喀木《カム》の首府は察木多《チャムド》(Chamdo) という。その東南に原野あり。また巴塘《バタン》(Bat'ang) 裡塘《リタン》(Litang) の両邑あり。従前はその東なる打箭炉《タチエンルー》も西蔵領なりしが、今は四川省に属せり。然れどもその居民は人種学上、純然たる西蔵種なりとす。

第十五章　人種　史略

人種学上の見解に依れば、西蔵人は蒙古種に属す。然れども全国皆然るにはあらず。身長は西方殊に矮《ちいさ》し。カンニンガム［David Douglas Cunningham］氏の説によれば、平均身長五フィート二インチなり。中央部はややこれより高し。その体格を概論すれば、強壮の方にて四股細く、目は僅かに歪みて黒く、髭鬚なく、皮膚は褐色にして清らかなれども、何となく野卑なる面貌を有せり。然れども英敏の相を備えたり。

西北部にはトルコ種あり。これを「ホル」（Hor）という。東北に住める蒙古種を「ソク」（Sok）という。これ支那人が古来西蕃《シハン》（Sifan）と称し、また西蔵人、蒙古人とを合わせて、西戎と称せしものなり。支那の境に接したる東部にはGyarung or Chentni［ギャロンあるいはチェンチュイ］と称せる野民あり。而して南部には、ビルマ種と同族なるロロ族〈玀々《ロロ》〉（Lolo）［今日ではイ族（彝《イ》族）と呼ばれる］、リス族［（傈僳《リス》族）］（Lisu）、およびモソ族〈麼些《モソ》〉（Moso）［今日ではナシ族（納西《ナシ》族）と呼ばれる］の種属あり。殊にアルチン山脈〈アルチントグ〉（Altyn Togh）地方に於いては、今なお石器時代に近き蠢愚の野民ありといえり。西蔵の歴史は、また充分明らかならず。往昔この国東北の遊牧人種は、支那人のいわゆる羌（Kiang）にして、文字なく、木に刻し縄を結びて記号に供せり。支那の文化は、西紀第六世紀まではこの人種の間に波及せざりき。『唐書』「吐蕃伝」に記する所に拠れば、西蔵の古も、また同様なりき。西蔵の文字は、ソンツェン・ガンポの時始めて成りしものなれば、その以前の事は邈《ばく》として考うべからず。西蔵の史家は、その王統の祖を曲解して、インドの釈迦より出でたりと説明すれども、その妄誕なることはもとより弁論を要せず。故にその往古の史実は、一に支那人の記載に拠らざるべからず。西蔵族の一人樊尾（Fam-ni）は、西紀四三三年に今の甘粛より黄河を渡りて、国を羌中に建てたりしが、その治世中ネパール国より仏徒の反抗を招きしことありという。

その後、ナムリ・ソンツェン〈論賛素〉Gnam ri srong-btsan に至りて、支那より数学、医術を輸入せり。ナムリ・ソンツェン、西紀六三〇年に没し、子ソンツェン・ガンポ立つ。この人英明にして雄才あり。貞観八年唐に通じ、西紀六三九年ラサ城を建て、これを Sha-ldan と称せり。王はネパール国王の公主邦木薩《ブリスバム》（Brisbum）を娶り、また貞観一五年（西紀六四一年）に唐の文成公主を娶りて、インドおよび唐より仏教その他の文物を輸入せり。王自国に文字なきを憂い、印度文字《デワナーガリー》に依りて、字母三十字を作らしめたり。『蒙古源流考』に曰く、汗年十六歳壬辰に次す（唐貞観六年西紀六三二年）トン・ミ・アヌ〈通密阿努《タンミアヌ》〉の子、大臣トン・ミ・サンボータ〈通密繖布喇《タンミサムポダ》〉（Tonmi-sam-bho-ta）ならびにその友十六人を額納特珂克（インド）に至りて参究せしむ。これに於いて彼処の班廸達《パンデタ》、名はヘーリク・センゲ（デーヴァヴィドヤシンハ）〈徳幹必特雅星哈〉に随いて、音韻の学を伝え、土伯特《テベット》の三十字母を証し、云云、以て定めて三十字母とし、各音韻を分かち、また八大経を編成す。これに於いて汗甚だ喜悦す云々とありて、実に西蔵の文学、宗教の祖と称せらる。王は斯く文学上の功績あるのみならず、しばしば兵を用いて東征西伐し、大いに版図を開き、その彊城、北は于闐《コーダン》に、東は唐に、西はラダックに接し、南は雪山を越えてインド方面におよび、ベンガル湾の如きも当時は西蔵海と云えりとぞ。今日西蔵人の最も嗜好物たる茶も、王の時始めて支那より輸入せりという。王年八十三歳西紀六九八年没す。次子グンソン・グンツェン〈恭蘇隴〉立ち尋で没す。

某書に次王マンソン・マンツェン〈Mang-srong-mang-btsan〉は西紀六六三年に青海附近の種属を征服し、且つ支那を攻撃せしに、また支那人に襲撃せられ、且つラサの宮殿を焼かれたりとあれども、かかる王名は『唐書』および『蒙古源流』などに見る所なし。〔吐蕃王マンソン・マンツェン〈芒松芒賛〉は実在。ソンツェン・ガンポの孫〕

ティソン・デツェン〈吃双提賛《クリスロンデツァン》〉王は、西紀七三〇年に生まる。四十六年間仏教の振興に尽力し、有名なるパドマサンバヴァをインドより聘して、大いに経文を訳せしめ、またこの国固有のポン教を折服せしむ。王歳六十九歳にして西紀七九八年没す。王は仏教の保護者を以て西蔵王中著名なるものなり。王の子およびその継承者は、仏の平等観に基づき、社会貧富の別を廃せんことに努力し、三回までその命令を発せしかども、終にその効なかりきとぞ。

ティック・デツェン〈喇勒巴展《ラルパチエン》〉(Ralpachen)王は、西紀八一六年即位す。仏教を崇い、大いに訳経の業を興す。時に西蔵極盛の時にて、唐と戦いてこれに克ち、国内殷富《いんぷ》なり。国人称して大力金剛手菩薩の化身とす。西紀八二一年唐と和し、西唐二国の語を以て記したる碑〔唐蕃会盟碑〕をラサに建つ。(徳宗の時に建てしものなり)

王は僧侶、寺院の制度を釐革《りかく》して、その位置を高尚にしたり。王は西紀八三八年縊殺《いさつ》され、その兄立つ。これをラン・ダルマ〈朗達瑪〉王(Glang-dar-ma)とす。ラン・ダルマ王は西蔵のジュリアス・シーザーと称せられ、大いに仏徒を虐待し、廃仏の挙に出でしかば、堂塔寺院一時に破却せられ、西蔵無宗教の時と称す。王仏徒に弑せられ、嗣王兄弟また位を争いて、東西の二国に分かれ、争乱已む時なく、国勢ようやく陵夷し、西紀九二八年頃に至りては、支那も五代争乱の世なりしかど、西蔵は全く西隅に屏息《へいそく》して、また往時の勢いなく、支那人も大いにこれを軽侮し、その文書の如きも、支那にては読む者もなきに至れり。

西紀一〇一三年達磨波羅《ダルマパラ》（Dharmapala）という者来たりて主権者となり、仏教大いに興る。これに継ぎし者を有名なる宗教改革者アチーサ（Atisha）とす。アチーサはその宗教上に大いに勢力を振えり。西紀一二四六年サキャ・パンディタ〈薩迦班廸達《サキャパンデタ》〉（Sakyapandita）という者、元のフビライに招かれしが、その後数年、フビライは西蔵の東部を征服して、烏斯蔵都指揮司を置きたり。サキャ・パンディタの甥パクパ（Phagspa）フビライに用いられて大いにラマ教を拡布し、その帰るに及んで、西蔵の主権を委せられ、西紀一二七〇年より同一三四〇年までおよそ七十年の間サキャ派の僧侶は、西蔵の主権を掌握したりしが、遂に衰えて他の王朝これに代わり、およそ百年間継続したり。これの時支那にては元既に滅びて、明興れり。明は西蔵の八大寺院の最も勢力ある者にその主権を承認せり。西紀一四四七年、甘丹《ガルタン》寺のゲンドゥン・

ドゥプパ〈根敦巴《ゲダンダブ》〉（Gedunbub）札什倫布寺《タシロンプ》を創建せしが、これの人はすなわち最初の大ラマなり。次の継承者は、西記一四七五年より同一五四一年まで、西蔵を統轄したり。後、スーナム・ギャツォ〈索諾木嘉穆錯《ソドマングヤツォ》〉に至りて、蒙古の庫々諾爾《ココノル》（青海）王［アルタン・ハーン］に招かれ、西紀一五七六年にダライ・ラマの称号を与えられたり。これをダライと称する始めとす。

校補者云う、本文は前文ダライ号の起源と異なれり。須《すべか》らくこれに云う所を以て正とすべし。

その後蒙古王［グシ・ハーン］、タングート〈テンギルト〉（Tengirto）西蔵の内政に干渉し、且つこれを襲撃せしかば、西蔵は清の太祖［ヌルハチ］に書を上り、方物を貢して、その援助を求めたり。然るに蒙古は再び襲い来たりて、全国を平定し、第五世ダライ・ラマを擁立したり。尋で西紀一六五三年清の世祖［順治帝］は、ダライ・ラマの権力を承認し、対して「西天大善自在仏領天下釈教普通鄂済達頼喇嘛」とし、天下の仏教を統領せしむ。

然るに西紀一七一七年（康熙五六年）ジュンガル〈準噶爾《ジュンガル》〉の王、ツェワンアラブタン〈策妄阿喇蒲坦〉の兵侵入してラサを陥れ、ダライ・ラマの継嗣に干渉せしかども、清兵に撃退せられ、而して清政府は遂に西蔵現今の制度を樹立したり。

西紀一七八二年（乾隆四七年）ネパールのゴルカ〈廓爾喀《ゴルカ》〉（Gorkha）は、札什倫布《タシロンプ》寺の財宝を略めんとて突然入寇し、幼沖なるタシ・ラマはラサに逃れ、財宝は皆ゴルカに略奪せられたり。これに於いて清廷兵を遣りてこれを征し、大いにゴルカを破りしかば、ゴルカはその略奪せし所の物を返し、且つ歳貢を納むることを約して、事ようやく平ぎぬ。然るにゴルカは英の同盟国にて、その兵は英人の訓練する所なりとの理由より、英清の葛藤を惹起したり。これより清廷はブータンおよびネパールの国境に哨兵を置き、インド人を西蔵より放逐し、欧米人は勿論ベンガル人、インド人の国内に入ることを厳禁するに至れり。西紀一八八八年シッキムの辺境に於いて、英人と衝突を起こししまでは、西蔵は泰平に謳歌せしなり。この争いは一八九〇年三月十七日、その局を結びて彊界を確定せし［シッキム条約］が、通商、牧場および英西両国間の公文書の受授などに関する事は、未定の問題として、当時何の決定する所あらざりき。而してこれなお今日に至るも未定にして、欧米人が一歩もこの国に入ること能わざるは実にこの因由あるに由れり。

第十六章　輓近の旅行者

西蔵の旅行者は、多く耶蘇教の宣教師なり。今その輓近の旅行者に就きて、その旅行の一班を掲げ、以て後のこの国に到らん者の参考に供す。

モラビア派の伝道師は、ほとんど五十年間西蔵の西境に在りて運動し、絶えず入蔵の時期の到るを待てり。この驚くべき伝道者中、最も早きもの二人あり。すなわちヘイド〈ヘード〉氏（[August Wilhelm] Hey[d]e［および Maria Heyde］）夫婦なり。夫婦は今なおその地にありて、熱心布教に従事せるは、敬服の至なり。他日西蔵に耶蘇教の行わるる時期あらば、この両人およびその同人等は、先鞭の功を着けたるものとして、大いにその道の者に賞讃せらるべきなり。

次に宣教師テイラー嬢は、支那の国境なる洮州（Tauchau）より出発し、その目的はラサ府を経て、インドのダージリン（Darjiling）に出でんとするに在りき。然るに滞在数日の中に遂に拘留せらるるの厄に遭いて、反対に引き返さざるを得ざるに至れり。嬢は已むことを得ず、その来たりし路とは異なる方向を選び、洮州の南方およそ三百マイルなる四川省打箭炉《タチエンルー》（Ta-chi-en-lu）に帰れり。嬢はこの禁制地を旅行すること総計一千三百マイル、その中には未だかつて欧米人の足跡到らざる地方多かりしという。

嬢のラサ府附近の原野に到着せし時は、あたかも西紀一八四六年に、仏人ハック氏およびガベー氏の入蔵に後るること四十六年、また西紀一八一一年に英人マニング氏の入蔵に後ること八十一年なりき。この間、ラサの眼界に来たりしもの一人もなかりき。もしラサ府を中心とし百七十マイルの半径を以て円を画かば、従来の旅客は、皆この圏外に達せしのみ。西紀一八八五年には、魯国の陸軍大佐プルジェヴァリスキー氏（[Nikolay Mikhaylovich] Prejevalsky）、同一八九〇年には仏人ボンバロー［Gabriel Bonvalot］およびアンリ・ドルレアン〈オルレアン公アンリ〉［Henri Philippe Marie d'Orléans］の両人、同一八九一年には英人ポーウェル氏、同一八九二年には米人ロックヒル氏の如

スヴェン・ヘディン氏

き、いずれもこの圏附近まで来たりしものなり。然るにテイラー嬢はこの線を横断して、その到着の終点は、ラサ府まで僅かに三日程の所なる那曲《ナクチュ》〈ナグチュカ〉(Nagchuka)まで進入せり。

テイラー嬢の後一年、仏人ド・ランおよびグレナルドの両氏もまた同一の点に到達し、西紀一八九五年には、英人リトルデール氏、その妻および甥と倶にラサ府の前四十マイルの点に達し、附近の丘陵の頂に登り、望遠鏡を以てこの市の模様を眺望せしが、遂にラサ府を望むこと能わずして止めり。その後同一八九八年にラインハルト氏は、その妻と倶にテイラー嬢の足跡を追えり。

有名なる大旅行家スヴェン・ヘディン(Sven Hedin)博士は、西紀一九〇三年、すなわち明治三六年に西蔵探険に成功し、学術上最も有益なる材料を蒐集して帰り来たり。仏京巴里地学協会に於いて幻灯演述会を開き、精細なる旅行談を試みしが、博士は近々五冊より成る書籍を出版して旅行の顚末を公にせんといえり。

博士の旅行は、茫漠広大なる新国土を踏破せしものなれば、その結果は従

中央アジアの地図の変更

西蔵高原の横断

来行われたる中央アジアの地図に一大変更を加えしむるに至るべし。博士は千百四十九枚より成れる長千尺の地図と、三千枚の写真とを携え帰れり。また従来学者間に於いて紛々論争したる往古のロプノールの所存問題も、博士の探険に依りて解決せらるるに至れり。この湖の沿岸に於いて荒廃せる市街、仏閣および第三世期頃の西蔵の政治ならびに地文学に関する有益なる古文書を発見せしと云えり。

この旅行は、徹頭徹尾困難ならざるはなかりしが、博士の一行数十人は姿をラマ僧に扮して高山を越え砂漠を渉り、三年と三日の旅行中、二年六ヶ月は、全く他と交通を絶ちたる無人の地を旅行せり。殊にチャルクリク〈チャクアリク〉〔鄯善、現在の若羌〕よりラダックに至るまでの旅行には八ヶ月を費したり。この旅行は、すなわち西蔵高原の横断ともいうべきものにて、平地といえどもヨーロッパの最高峯モンブランよりも高ければ、空気稀薄にして、一行は呼吸の切迫を覚ゆること甚だしく、遂に全く呼吸する能わざる者あるに至り、随行人の中四人は衰れむべし、この高原の露と消え、二人は駱駝の背に伏して絶息

馬背に伏して行く

馬死して駱駝斃る

し居たりしを程経たる後発見せり。

歩行するものは、空気の稀薄と寒気の凛冽《りんれつ》との為めに、まず足の爪先より凍り始め、遂には足部全く凍りて棒の如くなり、次第次第に腹部におよび、胸部におよび、頭脳の感覚を失うに至りて万事休す。博士は幸いに身体非常に強健なりしと、終始騎馬旅行をなしたるとにより、苦痛を感ずるに至らず、しかも馬上にて姿勢を整うるなどの事は思いも寄らず、終始馬上に伏して、少しも身体を動かすこと能わず、心蔵は今や破裂せんとするかと思う程の痛みを覚ゆる時もありきとぞ。

率い行きたる馬、ならびに駱駝も害を蒙むること多く、馬四十五頭の中、博士の跨りたる一頭を除くの外は、悉く斃れ、駱駝はその全部を失うに至れり。当時の有様を回想すれば、博士は感慨自ら禁ずること能わざりしと云う。大抵の冒険旅行を十回するよりは、高原の横断を一回する方遥かに困難なりという。

ヤンジクルよりチェルチェンダリア［且末河］に至る百八十里の砂漠を行きしも、また非常の困難にして、人類の此処を通行せしもの、実に博士を以て嚆矢とす。この間の旅行に三週間を費せしが、寒暖計は零度下三十度に下りしも、一行は一人の損傷を受けず、只だ一頭の駱駝を失いたるのみ。（博士が第一次の旅行には、この砂漠に於いて同行者二人の外悉く死滅せり）砂漠中には無論飲水薪炭無きを以て、駱駝四頭に氷塊と樹木とを積み行きしが、砂丘の高き所にては、駱駝の足一尺以上も砂中に入りて、進行非常に困難となり、加うるに携帯の氷もようやく尽きて一行いずれもその骸骨を砂漠に曝すことと覚悟し、兎にも角にも枕を並べて砂漠の中に寝ねたりしに、半夜眠覚むれば偶然柔きもののの手に触るるあり。こは不思議と一行相前後して蹶起《けっき》すれば、四囲の状況全く一変して、一面の銀世界となれり。嗚呼天雪を下せるなり、一行躍り上りて尽きたる飲料を補い得たるを喜ぶ。されど天幕の用意なかりし一行は、この喜びたちまち変じて、雪蒲団の裡に眠らざるを得ざるのしみを生じたり。しかも飲料を得たる喜びは雪蒲団の悲しみを圧倒して、一行は無事に砂漠を通過するを得たり。この砂漠はゴビの砂漠の一部分なり。

博士が、西蔵の都府ラサに入らんとせしは、この旅行中に於いて前後二回に

西蔵軍に囲まる

及べり。初めは博士自ら一行より分かれて、二名の従者と馬四頭、ロバ五頭を率いてラサ府に向かいしが、この地は宗教上および政治上の関係より、一切他国人の入ることを禁じたれば、もし露顕せば直ちに殺さるべし。博士は黒き眼鏡をかけて、その顔貌を包み、如何にもラマ僧らしく疑いて進みたれば大抵目的を達し得べしと思いしに、図らざりきこの荒原に住める猟師等は、早くも博士等のラサ府に向かって進みつつあることを官吏に密告せり。されば博士はラサ府を眼前に望み得べき処に達したる時、忽然一群の西蔵兵士に囲まれたり。

博士等の一行は、ラサ府に近づくに従い、原野に遊牧せる西蔵人の甚だ多きを見しが、彼等は博士等の一行を珍し気に打ち見やりて、不思議そうなる顔をなし居りしも、親切にいろいろと世話するを辞せざりき。斯くて博士等は、今一日にしてラサ府に入るべき夜、天幕の裡に明日の楽しみを夢みつつ眠りに就きしに、夜半の頃四辺俄に騒々しくなりたれば、一行はいずれも何事ならんと眼を覚ませしに、数百の西蔵兵士は一行を包囲し、その中の指揮官らしき者、博士に向いて、もし一歩たりとも前進せば、身首処を異にすべしと告げ、兵士

再びラサ進入を企つ

の中より数多のラマ出で来たりて、博士に向かいその眼鏡を取らんことを求めたり。蓋し彼等は博士の緑眼なるべきを思いてこの請求をしたるならんも、博士は黒眼の人なりしを以て、彼等の目的は外れたり。されど博士等はこの日より番兵に囲まれて、補虜の待遇を受け、番兵等は毎夜篝火《かがりび》を焚きて、厳重に警戒せり。

一行は那曲《ナクチュ》〈オクチェ〉の地方長官の来るまで、此処に待たざるべからず。五日の後彼れ地方長官は、華美なる服装をなし、多くの兵士に護衛せられて到着せしが、彼、博士に告げて云う、ダライ・ラマの親諭ありしを以て、出来得る限り御身等を優待すべきも、一歩ラサの方向に進むに於いては、遺憾ながら斬に処すべしと。ここに囲を解き、兵士二十五名を附して、一行を那曲《ナクチュ》〈ナッチュカ〉の境界外に送還せり。

博士は、なお徴す、第二回のラサ進入を企てたり。今回は全旅隊を率いて他の方面より進入せんとせり。然に今回もまたその途中に於いて五百の西蔵の騎兵に支えられぬ。彼等は曰く、もし御身等が飽くまでラサに入るに於いては、

ロプノール附近の廃墟

御身等は勿論、我等までも尽く斬らるべしと。依って博士はその何故にラサに入るを許さざるやと問いしに、彼等は答えず、ラサ府内の状況の如きも毫末も説く処なし。蓋し彼等は宗教上および政治上の関係より、ラサを以て禁府となし、絶えて外人の入るを許さざるなり。而して五百の騎兵は、博士等の更にラサに進入せんことを防ぐ為め、博士の退却に尾行すること十日の久しきに及べり。斯かる有様なれば、欧米人は如何に巧妙にその身を扮装すとも、ラサに入ることは到底不可能の事に属す。

名高きロプノールは、今や全く水涸れて凹みたる一帯の荒土を成し、住民なく樹木無く、その北岸に於いて廃滅したる市街の跡を発見せしが、此処はその昔し併然たる市街をなし居たるものの如く、その規模も甚だ壮麗なりしと思わる、中央とも思わるる処に、高塔の残跡ありて、車輪、鉄斧、大甕などを発見せしが、こはいずれも一六〇〇年以前のものなり。博士は支那文字にて認《したた》めたる数種の書籍をも発見せしが、記する所は「将佐四十名の率いたる一軍隊はロブノルに到着すべきを以て接待の準備を為すべし」との意味を記しありしとぞ。

この地は、北京よりカシュガルに到るべき道路の在りし処にて、この道路の今なお保存せられ居たらんには、実に世界の最長道路なるべし。

死海

東部西蔵に一死海［塩湖］あり。博士は軽舟に乗りてこの湖面に遊びしが、湖水には非常に多量の塩分を有し、湖底は全く塩塊を以て固められたる程なれば、舟も人も塩の為めに真白となり、試しに一滴の水を舟中に落下せば、直ちに凝結して塩となる。もしまた湖水の上部の水を、他に流せば湖水は全く塩塊となるべし。博士はこの湖上に於いて暴風に遭い、非常の困難を極めたり。

ちなみに記す、スヴェン・ヘディン博士が、パリ〈巴里〉の地学協会に於いてこの演述をなすや、外務次官は大臣の代理として、博士に面会を求め、仏国政府の名を以て博士に勲章を贈れりという。

本邦の入蔵者および河口慧海

本邦人にて入蔵を企てし者多し。能海《のうみ》寛《ゆたか》氏はかつて打箭炉《タチエンルー》より入りしがこれに四年を経れど杳《よう》として消息なし［能海寛の遺稿は本書の編著者でもある太田保一郎のもとに渡り、出版された］。陸軍大尉成田安輝氏は行商に扮して支那より入り、ラサに滞留すること十八日、ダライ・ラマの大堪布に面会してインドに出て一昨年無事帰朝せられたり。吾人は欧米人が斯く熱心に入蔵を心掛けてしばしば失敗せるにも拘らず、我が同胞の二人までその目的を遂げしを見て雀躍の情に堪えざるなり。特に我が河口慧海師が明治三〇年インドに渡り、爾来三年の間、幾多の艱苦を嘗めて、遂に入蔵の目的を達し、首府ラサに留まること三年、客年五月無事帰朝せしは、我が同胞の一名誉なることを忘るべからず。而して師が旅行談は客年六月より十一月に亘れる『時事新報』に詳かなれば、ここに省き、ここには只だ二、三人の外人、特にテイラー等が旅行に関する一班を述べて、参考に供すべし。

これらの旅行者中にて、テイラー嬢の外、欧米人にて単独の旅行をなしし者は唯だ二人にて、その人は魯国の陸軍大佐プルジェヴァリスキー氏と、米人ロックヒル氏と二人あるのみ。吾人は我が政府より清国政府に交渉して、速やかに入蔵の途を廓平せられんことを希望す。而して各種の科学者より組織せる探検隊を派遣し、各種の方面に向かって、精密なる調査あらんこと希望に堪えざるなり。

バウアー氏の旅行は、英国インド総督の助力を得、自ら随行の医官を指定し、豊かに従僕家畜および旅行器具、衣服などを準備して出発せり。ナイト氏（Knight）は、バウアー氏のレー（Leh）より出発する時の有様を目撃し、記して曰く、バウアー氏の旅行は、王侯の旅行の如しと。魯人プルジェヴァリスキー氏のラサ地方探険には如何なる旅装をなせしかは、今得て知るべからずといえども、ロックヒル氏の語る所に拠れば、氏の東部西蔵の前の遠征には、十四人のコサック〈哥隆克《コサック》〉兵と、六十五頭の駱駝を伴いたりきと。またリトルデール〈リッルタスヌ〉氏は、全然武装せる商隊を率いたりしが、その語る所に拠れば、曰く余の計画は、西蔵に到達せんが為めに、出来るだけ多量の食物と、これを運搬すべき動物とを伴いて、ラサに到らんと努力せり。これまでなしし他人の遠征は、その到着前に、多くは旅費の欠乏を告げて失敗せしこと少なからず、西蔵人は賄賂を用うれば、何等の事をも曲げてなさしむることを得るものなれば、吾人は、贈賄の目的に向かって、金銭を充分に準備せざるべからずと。

テイラー嬢の探険旅装および探険

これの如き周到なる準備を要するに拘らず、テイラー嬢は唯だ十頭の馬と、二個の天幕と、二ヶ月分の食料として糈粑(Tsamba)すなわち麦粉を準備して出発せり。また嬢は軽便なる寝台と、「酋長に贈るべき物」を容れたる箱とを携え、銀貨の数オンスと、若干の支那綿布とは、実に嬢の財源たりき。この外には、インドに到着の上にて着更《きが》えんが為めに、僅かばかりの英国製の布片を用意し、卓上の道具入れには、二個の薄き碗と、一、二の木椀、銅の皿、ナイフ、フオーク、および匙子を容れたるのみ。然れどもこれらの物品は、途中に於いて、大抵賊の掌中に帰し、嬢はこれを使用することほとんどなかりき。その携帯せし図書は、『デイリー・ライト』と云う書籍［朝の祈りの日課用の本］と新約全書［ケアリーの原文では The New Testament and Psalms つまり詩編付き］、讃美歌類、日記用手帳の四冊なりしと云う。嬢は、この旅行中、風雪吹き荒む原野に露宿すること二十度の多きに至れり。さればその洞窟中に眠ることを得しなどは、この旅行中に於いては寧ろ贅沢なることにて、吾人が大廈高楼に安臥するが如き至幸の事なりきと云う。その衣服を着更えることもなく、随行せし三人の支那人中、その一人は途中にて背き去り、一人は斃れ、一人は嬢を殺害せんとせしが、唯だポンツ（Pontso）と云える西蔵人のみは、終始嬢に随従したりき。

嬢に随行せるリュコッチェ（Leucotze）と呼べる、至って強壮なる支那人ありしが、寒気の酷烈に堪えずして遂に途中に斃れたり。嬢は口癖に「神は余等を守れり」と唱えて、如何なる境遇にありとも、常にその心意の平静を保てりと云う。

一行のラサ府に接近するや、危機ようやく切迫し、嬢を護衛せし二人の西蔵人は、すこぶる恐怖の念を抱けり。嬢は当時の苦心を記して、曰く、余の最も困難を感ぜしは、彼等の恐懼の念を絶たんとすることにてありきと。前面には一行を要せんとて待てる支那の官吏あり。一行は敵地の中心にありて、避難の所なく、四面楚歌の裡に包まれて、疑懼《ぎく》の中に苦しみしが、嬢は天を仰いで、曰く、「総ての信仰は汝に止まれり、総ての救助は汝より来る、汝の翼の影にて、我が防御なき頭を覆えよ」［チャールズ・ウェスレー Charles Wesley の讃美

強盗に襲わる

歌Jesus, Lover of My Soulの一節」と繊弱なる一婦人にて従僕二人の甚だしき恐怖心を去り、懦夫《だふ》を起たしめたる豪気は、実に企て及ぶべからざるものあり。嬢は、始終頓智と、剛毅と、寛大とを以て部下を率い、衆人に接したりしが、途中両度の狙撃に遭えり。その第一は、思いもよらず劫盗（Chuk-pa）の狙撃に遭遇したり。始め賊等は、馬より下り、地に踞して静かに茶を喫する風を装い、暫くして引火奴《ほくち》に火を点じ、馬に騎り、不意に襲い来れり。その火縄銃は、彼等の思いのままに発火せしも、幸いにして毫も損害を与えざりき。

第二には、二百名余の賊徒一行を取り囲み、数多の弾丸は、雨霰と降り来たりて血液石と倶に飛散せり。一行は蒙古の同勢、および荷物を駄したる犛牛と共に在りしかば、犛牛は或いは走り、或いは射殺され、蒙古人二名は前方に面して倒れたり。

最後の厄難

斯かる危難を冒して、ラサ府の前三日程なる最高点に到達せしに、嬢は果然《かぜん》西蔵官吏に抑留せられたり。嬢は十五日間、いぶせき倉庫の内にありて、己が生命と、二人の西蔵人の生命とのために戦えり。最初は、下級の酋長来たりて予審をなし、最後に肥大なる官人那曲《ナクチュ》より来たりて判決せり。法廷は大なる白色の天幕にて、その前面には青色の縫をなし、その内部には別に幕を垂れ、その一方には、二、三の官吏、高き椅子に坐し、高位の官人は、一段高き椅子に着坐せり。各官人の前面には、茶卓ありて、支那焼の茶碗を据え、これに近接して炭を燃やせる青白き火鉢あり。廷丁は火上の釜より、再三茶を酌みて、判官の茶碗に注げり。憐むべし囚人の運命は、この悠然として茶を喫せる判官の裁判に委ねられたり。而して天幕の後方には、兵士および官吏の従僕群集して、喋々喃々せり。

テイラー嬢は天幕の中央に坐したりしが、外国人にして、みだりにこの国に侵入したりという罪に問われ、ラサ府に入るの許可を得ず。またインドのダージリンに行くことを許されざりしが、嬢は途中にて西蔵人の為めに財物を奪われたれば、西蔵政府は奇特にも、その報酬として、天幕、馬および支那に帰るに充分なる旅費を与えけり。嬢はその虎口を逃れ、数多の危険を冒して、西蔵の内部に一年中最も悪き時期を過ごして、西紀一八九三年四月十三日に、四川省打箭炉《タチエンルー》に帰着せり。

附録　青海地方の風俗およびラマ

テイラー嬢は、西紀一八五五年十月十七日英国チェシャー（Cheshire）のエグレモントに生まる。この有名なる旅行をなししは、あたかもその三十六歳の時なりき。その父ジョン・テイラーは、その長命なる一生涯の多分は、世界漫遊のために費消せりと云えば、嬢もその感化を受けたりけん。幼時より旅行を好み、遂にこの顕著なる探険をなししなり。嬢は幼少の時は、身体虚弱なりしが、年長するに随いて、ようやく強壮となれり。常に困難と戦い、唯だ僅かばかりの教育を受けたりきと云う。後宣教師となりて、西紀一八八四年十月、支那内地伝道協会の命を奉じて、支那に出発し、支那に居ること三年なりしが、初めは楊子江口の鎮江（Chin-kiang）に居り、後は長城と西蔵境との中間、青海の東方なる甘粛省（Kan-su）の首府蘭州（Liang chau）に住せり。ここにて支那官吏の家庭医となり、その間に熱心に西蔵の研究をしたりしが、たまたまクンブム僧院の所在たる西寧《シニン》（Si-ning）附近にて、開催せる有名なる西蔵大市の視察に赴けり。英国陸軍中佐バウアー氏が、西蔵に精通せる第一の人なりと推称せるロックヒル氏は、西紀一八八九年二月にクンブムを視察せり。然れども、嬢はその前二年すなわち固一八八七年七月に、この視察をなしたりしなり。当時嬢の手記せる所の視察記は左の如し、ここに記して参考に供す。

達《タ》里《リ》珠《シ》の西蔵市の見物

達里珠および大ラマの転生

達《タ》里《リ》珠《シ》［クンブム寺のモンゴル名］は、西蔵大僧院の一にして、西寧《シニン》府を距ること五十里の所にありて、湟中《ルシャル》〈ルザル〉（Lusar）と称する支那の一市邑に接せり。二千ないし三千のラマあり。これは第拾五世紀に宗教の改革を実行して、現在の黄教を広布したりしツォンカパの生誕したりし所にて、現に生ける仏の住所たり。この大僧院の住持たる大ラマ［アキャ・リンポチェ］円寂する時は、国内を巡歴して、同時に生誕せる孩児《がいじ》を捜索し、これを僧院に伴い来たりて、これに先住持の所有物を示し、これを試験す。孩児これを見て、もし喜笑せば、その孩児はこれを認識するもの、すなわち前住持の転生せるものとしてこれを養育し、これを教育して、更に住持たらしむるの法なり。もしその孩児喜笑せざる時は、幾回もこれを示して、正しき笑いを呈するに至るまで、種々の方法を用いて、その喜笑を求むと云う。

達里珠の殿堂およびラマの家屋

西紀一八六七年に回回教の反乱［ドンガン人の蜂起］ありし時、達里珠《タリシ》は破壊せられて、その略奪に遭えり。当時は四千のラマこれに居り、その主要なる殿堂の屋根は黄金の板を以て葺きたりしが、爾後《じご》衰えて、現今は黄銅に黄金を鍍金せるものを以て葺けり。

数多の殿堂は、一見したる所にては、その内部はサも充実して、人の住むべき室ありとも見えざるなり。その建築は、高くして頂近き所に一列の窓あり、築建法は全くインド風にして、毫も支那に類する所なし。且つラマの家屋は、幾分か清潔なる一点、殊に目立ちて見ゆ。各室は庭の周囲に建築せられ、室には格子窓ありて、薄き紙を糊《のり》にて張れり。室内には煉瓦を畳みて寝台とし、その上面は木板にてこれを蓋い、自由に取り去ることを得しむ。牛の糞の乾燥せるものをとりて、寝台を温めんが為めにその下に容れて焚くなり。

沙弥および僧服

黄帽ラマは、独身生活にて妻子なし。故にその法嗣は必ず徒弟たらざるべからず。而して西蔵人の宗教に心酔せる、その家族の総領は必ず僧侶たるべきものとし、齢十歳に至ればこれを僧院に送りて、読み書きの稽古をなさしむ。これらの喝食《かつじき》は剃髪して沙弥《しゃみ》となり、赤き綿布および毛布にて製したる婦人用の袴の如きものを着け、袖なくして胴衣に似たる服の立て領子《えり》あるものを着て、袴の上に垂れ、帯を以て、これを腰部に結束せり。この服装の外に、なお長さほとんど一ヤード半、幅四ヤードの袈裟あり。最も優美にこれを肩より懸けて、その手を隠せり。靴は高くしてまた赤き布にて製せり。

格隆《カロン》

ラマは、殊別の僧院に住せる四人の格隆《カロン》(Kalon)すなわち支配人［テイラーの原文では secular rulers］にて管理せらる。余が達里珠《タリシ》に住みし間に両度これを見しが、その年齢は五、六十歳に見えたり。格隆《カロン》は常にその従者を伴い、その行歩には、長き鞭索ある二本の鞭を以てその前方を払わしむ。格隆《カロン》の衣服は、他のラマよりはいささか上等のものを着けたり。ラマの風は、一見したる所にては、総て智慧ありとも見えず、いたずらにその念珠を爪繰りて、念仏するのみなるが如し。

男子の風俗

西蔵人は、筋肉の発達逞しき種族にして、その顔は目小く、頬骨高く、鼻隆く、口は大なり。一般にその顔を剃り鬚髯を蓄えず、粗毛のサージ〈セルジ〉[テイラーの日記の原文は coarse woollen serge]、または羊毛皮の衣服を着けたり。衣の長さは膝に達し、帯を以て腰部に結束せり。鞍上にある時は、その長き袖をまくりて、手を外に出し、胴部の衣服は垂れ膨れて帯の上にかかり、また木綿の股引を着け、長き靴を穿てり。その帽子は、羊毛皮を以て円くその周辺を縁どり、赤色と青色との綿布を以てその中央として、密に頭部に被れり。腰には刀剣と、食事用の小刀とを佩び、旅行する場合には、粗造の銃を携帯せり〔ケアリーの本の註にはThe Tibetan gun is a matchlock with a long pair of prongs hinged to the barrel, on which they rest the weapon to keep it steady and aid them in shooting straightとある〕。

女子の風俗

婦人は、男子に比すれば身長短くして、肥満し、黒赤色のサージにて製せる一枚の服を着け、赤色の同質の織物にて縁をとり、領子は羊毛皮にてこれを外方に折り返したり。衣服には鈕《ボタン》を用いず、前面に褶をなし、帯を以て結束せるは男子と異ならず。もし労働に服する場合には、袖より右手を出し、その胸を露出せり。祭礼の時に用うる盛装の服は、大にして且つ高尚なり。その制は一種の硬き嚢より成れり。この祭服は各色の絹糸を以て刺繡し、その中央には直径およそ二インチばかりの三個の凸飾の銀の装飾品あり。衣服の周縁には不透明なる貝殻（牡蠣の貝殻ならん）の細片、および肉色の玉髄《ぎょくずい》〔テイラーの日記の原文はcarnelianすなわちカーネリアンという宝石〕を附着し、その手頸には宝石、珊瑚および玻璃《はり》の珠玉を連ねたる糸を纏い、金銀の耳環をはめたり。余の目撃したるものは、赤珊瑚を鏤めたる銀の環にして、右耳より左耳に連続せる珊瑚の糸ありき。婦人は儀式の場合には、男子の如く長靴を穿てども、通常は跣足《はだし》なり。頭髪は許多の細かなる弁髪にせり。或る婦人は弁髪の数六十四の多きに至れりと云う。髻には巾着の如き襠ある布片にてこれを包めり。弁髪の態は様々にして、中央に二十ばかりの大なる弁髪をつくり、その西側に小なる弁髪をなせるもあり。その被れる帽子は、男子用と異なる所なし。

市場の有様

市場は湟中《ルシャル》〈ルサル〉(Lusar)と、達里珠《タリシ》との間の丘陵に在りて、支那人の開催せる露店相ならびて自ら市街をなし、外国品、支那品、リボン、男子の帽子に少しく装飾を施したる男子用形の婦人帽を販売する呉服店あり。綿、針、鈕、眼鏡、櫛、珊瑚珠、婦人用飾帯に用ゆる各種の装飾品、刺繡せる絹布などを販売する小間物店あり。醬(ソースを容るる器)、ランプなど、法会に用うる各種の真鍮製の仏具商あり。小包にせる香を販売せる露店あり。最も多きものは飲食店にして、天幕を張りその内にて料理したる食物、およびその原料品、および支那酒を鬻《ひさ》ぐ。西蔵人はこの天幕中にて、飲食を恣にし、夜に至れば賭け酒を飲み、酩婦これに待し、丘陵に団坐して放歌せるなり、飲酒の悪習慣は支那より輸入したるものなりという。丘陵の側面には、手桶、桶、撹茶器（西蔵にて茶を煎する前に使用するもの）を鬻ぐ店あり。西蔵人は自製の粗造なる木具、および食物を容るる小盆、羊毛、羊馬などの家畜を販売せり。牡犢《ぼとく》一頭の価英貨一ポンド、食物は五シリング以上、十シリングなり。羊一頭は一シリングもしくはその以上に買取ることを得べく、馬一頭はおよそ一ポンドなり。然れども一頭十シリングの廉価にて得らるることあり。羊毛の如きは百斤五シリングを価せり。この価は直接に西蔵より買い得る値段なり。

西蔵人は、丘陵に駐屯し、その周囲には家畜を置き、その中央には羊毛皮堆積せり。余は一日数多の部落を巡視せしが、天幕は多く白色にして通常英国にて見るものの如し。幕内には家具なく西蔵人は地面に羊毛を堆積して、その上に、睡眠せるのみ。また厨庖の道具としては、只だ大なる銅鍋木製の杓およびふいごの一対あり。ふいごは羊皮製にして、鉄管を有し、始終火上なる鍋を吹けり。薪には柴を使用し、柴なき所にて犛牛の乾糞を用う。西蔵人の食物は奇にして且つ粗なり。その製法は多量の水を以て磚茶を煮、これにバターを加え、その羹を椀に盛り、これに大麦の碾割《ひきわり》粉《こ》を混じて糊状をなしたるものを指にて摘み食うなり。時としては麦粉と羊肉数斤とを以て羹を製し、充分煮たる後これを取り出して、後食するなり。余は西蔵の老人より二個の椀を三ペンスにて買い求めたり。老人は余にその革嚢を祛《ひら》きて、貯蔵せるものを示ししに大麦の粉、乾登、麦粉と水とにて製したる細かなるビスケット、甚だ臭気あるバターを盛れる皮製の容器、および少しばかりの磚茶となりき。

言語、気候、物価、家屋

余の聞く処に拠れば、西蔵は牧草を産するの土地なり。然れども西蔵人は支那境の田野に殖民し、支那服を着け、支那語を語りて、自ら幸運のものなりと云えり。西蔵より羊毛を運びて市場に来れる家畜、および駱駝は此処より麦粉、および大麦の碾割を充てる革嚢を携えて帰るなり。達里珠（タリシ）附近の丘陵、およびこの地方は一円に雨多きが為めに、草木繁茂して緑色を呈すれども、寒気甚だしきが為めに、植物の発育遅緩なり。羊肉牛乳およびバターのみにて生活するものは、西蔵は誠に幸福の地なり。但し植物乏しく随いて果実は一層稀なりとす。鶏一羽の価三ペンス、十四個の卵一ペニー、英国にて半ペニー位の大さの麺麭（パン）六個にして一ペニーなり。牛乳は一クオート（我六合三勺）の価四分の一ペニーなり。家賃の如きも極めて廉なり。西蔵人と親密なる回回教徒の話に拠れば、西蔵村落の小屋は一ヶ月十ペンスにて借ることを得べしと。達里珠（タリシ）より二日旅程の所までは、家屋の構造悉く支那風なれとも、その以外に至れば窓もなき粘土製の陋屋にして、入口には唯だ一片の帷張を垂るのみ。而してこの陋屋、もしくは天幕の側には、必ず羊の血を以て飼養したる獰猛なる□（判読不能）狗ありて、その門を守れり。

家族の有様

一人の回回教信徒あり。余はその家族のものと親密の間柄なりし［ノガNogaという名のイスラム教徒はテイラーのガイドの一人を務めた］が、その語る処に拠れば、一人の西蔵人ありて、その父および祖父は家畜の中買いを業とし、家畜を購求せんが為めにこの地方より西蔵に赴き、数日各所に滞在せしに、取引せし二、三の西蔵人はその家を訪いて答礼せんが為めに見舞えり。然るにその家には二十歳前後の未婚女、その祖父および他に二人ありて、狭隘なる一室に同居せり。人ありその女に支那菓子を与えしに老人はこれを遮り取り、曰く、汝は吾が言語を使用すること能わざれば、この菓子を食うべからずと語れりと。この少女はもとより支那語を語ること能わざりしなり。以て如何に彼等が支那語を尊重せるかを知るべし。

婚姻および夫婦の愛情

西蔵の女子は、自ら好む者にあらざればこれと結婚することなし。一婦人にして三、四人の夫を有するは稀ならず。夫婦の間はすこぶる親密にして、夫は大いにその妻を愛し、散歩するにはその手を執り、これを先立たしめ、妻笑えば倶に笑う。その有様は支那の男尊女卑の風とは大いに異なれり。婦人は外国人を見慣れざる故にや、外国人を見れば大いに恐怖して、これを避くる風あり。かつて余の一婦人の側近く接せんとするや、該婦人は、たちまち踵《きび》を旋《かえ》して逃け去らんとしたりき。また或る男子は、余がその妻に向かって名刺を呈せんとせしに、余を打たんとしたりき。これ蓋し余が耳環を附けざりし故に、誤りて男子なりと思いて、一種の邪推をなしたるに過ぎざるなり。然れどもその事情は直に明白となりしかば、余はたちまちその親友となり、余は丘陵の側面に、彼等の団欒せる中央に誘われしことありき。かかる中にもある一人は、余を見物せんがために、特更に余が旅宿を訪いしことありき。

余が借りし家

当時余が借れる室は、屋上に於ける鳩箱の如きものにして、極めて不潔なる一室なりき。内には家具なく、只だ煉瓦の寝台あるのみ。食物の調理は直に室内にて柴を焚きて煮熟したりき。

人はみだりに人を害せず

支那人は、西蔵人を未開人民なりと云えり。余が西蔵の部落を訪問したる時、余が従僕は余の害せられんことを心配せしに、案外に、西蔵人は余をその幕中に招し入れ、殊更に食物を調理して饗応したりき。余は我が名刺を出し談話を試みんと思いしに、遺憾にも唯だ西蔵語の一、二を拾うのみなりければ、愉快なる談話を交うること能わざりき。

西蔵人は宗教的人民なり

西蔵人は、宗教的人民なり。男女ともに頸の周囲に小箱を懸けたり。この小箱は黄銅製にて、内には仏像を納めたり。余がようやく達里珠《タリシ》に近づくや、路傍に数多の男女の平伏せるを視て、一驚を喫せり。これらの善男善女は、合掌して或いは額に或いは胸にしながら地上に膜拝《もはい》し、額を地につけ、両手を頭上に延ばし、地上にその痕跡を残すに至れり。かくて再び起ちてその痕跡を踏み、更に身をひれ伏し、幾度となく反覆礼拝して、寺院の周囲を廻れり。中にも婦人は跣先詣りをなし、顔面衣服は塵に塗れたるも更に顧る所なく、絶えず六字の陀羅尼を唱え、或いは念仏したりき。道の辻々には小なる祀堂ありて、白、赤、黄、黒、の各色にて装飾せる女神の画像を安置し、或いは祈禱輪の周囲を繞れる神仏の団体あり。この祈禱輪は巡礼者の通行する毎にこれを廻転するものなり。参詣者は二、三回堂を廻り、毎回一度この祈禱輪を廻転せり。

西蔵婦人に誘われて達里珠殿堂を視る

一日、余の旅宿に来たりし二、三の西蔵婦人ありき。これに茶菓を饗せしに、この婦人連は帰途余を同道して達里珠《タリシ》最大の仏殿に参詣せんことを勧めぬ。余はその言に従い、第一に仏像を掲げたる廊下を通行せり。この仏殿には二個の黒門ありて、これには頭蓋骨を書けり。その内面には旗および虎皮を懸けり。

これが為めに内部は大いに暗黒となれり。門に面して卓あり、卓上にはバターの灯明、および清浄なる冷水を盛れる円き真鍮の鉢あり。その後に帷張ありて、その一方にはまさに飛び付かんとする如き虎と小さき熊とを置き並べ、他方には、虎、黒き山羊、鹿の像、およびバターの灯明を所せきまで並べ、前面には魔鬼の塑像を置けり。その中には火焰に取り囲まれたる幽鬼の像もありき。また壁上に白く画ける骸骨あり。幾多の信徒はこの像の前に平伏礼拝せり。而してその壁後には、ラマは茶を喫して、悠然自ら楽しめり。ラマの言う所に従えば、この仏殿内には、祭礼の際に使用する有名なる茶釜ありて、その大きさ小なる部屋の如しと。然れども余は終にこれを視ることを得ざりき。次に余は前の仏殿よりは、やや小なる堂に赴けり。堂内には鍍金したる、または真鍮製の仏像数多を安置し、ラマはその側に坐を占めてバターの灯明に注意せり。参詣人は、像の前面なる卓上に賽銭を投じて礼拝するなり。ラマの舞踏(Masquerade)ありて、定期市の第五日目に演ぜらるべき筈なりしも、都合に依りて興行なかりき。

少女の火傷を療す

第六日目には、宗教行列ありき。余輩は地板上に排列したる許多の頭蓋骨ある側を通行せし時、一婦人その少女の腕を診察せんことを謂いぬ。その瘡は前夜熱湯にて火傷せしものにて、その爛れたる所に牛糞を塗沫したりしかば、余は大いに驚きて、容易に得らるべき亜麻《あま》仁《に》油《あぶら》と麦粉とを混じてその局部に塗り替えて、上に繃帯を施ししかば、その母は大いに感謝し、またこれを目撃せる西蔵人およびラマも等しし余に対して敬愛の情を表せり。

宗教行列

余等は道を急ぎしかば、行列の僧院を出ずる時は、あたかも達里珠《タリシ》の入口に到れり。行列は第一には質素なる装せるラマ先頭にありて、次に二人のラマは長さおよそ六フィートばかりの角を吹きつつ歩めり。角は銅製にして重々しき種々の音声を発せり。次には数本の幢幡を樹てたり。その布は旗竿の頂上なる小なる輪の周囲を纏えり。その内六旗は白布に縦横に黒条を引きて、あたかも十字架の模様をなせり。ラマは、頭上に天鵞絨(ビロード)の如き毛織物を以て製せる大なる黄色の兜状の帽を頂きしが、その帽は甚だ重く見えたり。最後に仏あり。頭上に金製の僧帽を頂き、長き錦の外套を穿てり、群聚雑踏し来れば、一ラマ躍り出でて鞭を振りてこれを逐う。余は童男童女のこれが為めに負傷し、悲哀の声を発して泣き叫ぶを見たりき云々。

西紀一八八七年七月

クンブム僧院に於いてテイラー誌す

附言

テイラー嬢は、クンバムに到って、一ケ年滞在せしが、病の為めにこれを去り、帰途舟人の酒を飲みて不注意なりしが為に、漢水の激流を下るとき、船は岩礁に衝突して沈没せり。然れども嬢は幸いに岸に達することを得て、万死中に一生を拾いて、帰りき。当時嬢の父は濠洲に旅行したりしを見て、嬢は一時保養のために父の許に到りしが、間もなく濠洲を去り、インドのダージリンに立寄り、英国に帰航し、斯くて病気も大いに全快しければ、再びインドに至り、西蔵に入らんが為めに、ダージリン附近のゴーアム〈グウム〉(Ghum)にて、土人の陋屋中に五ヶ月滞在し、西紀一八九〇年三月シッキムなるサチェン(Sachen)の村落に至れり。

嬢のこの国に入るや、大いに政府の為めに嫌忌せられて、この村を退去すべきことを命ぜられ、トゥムロン〈チュムロン〉(Tum-long)の寺院内に一室を借りて住せしに、村民は嬢に食物を売ることを禁ぜられたり。流石の嬢もほとんど困じ果て、一時は行商の後を追いて、そのラバに駄せる荷物の小孔より漏れ出る炒米を拾いてわずかに飢えを医したることもありしと云う。

嬢のこの僧院に在る時、初めて西蔵の青年ポンツ（Pontso）に対面せり。ポンツは年齢十九歳西蔵に於けるその主家を逃走し来たりしものなりしが、足部の病気治療のために嬢の許に来たりしなり。この青年はその後従僕となりて、嬢が西蔵旅行の間、終始試実に随行せり。嬢はシッキムに滞在中、大いに西蔵語を研究したり。西紀一八九一年三月一夕「支那に行け」と云うものあり。すなわち嬢は行李匇々《そうそう》インドのカルカッタに下り、支那行きの船を待ち合わせて、再び支那に航せしが、上海の宣教師等、西蔵にポンツを伴わば彼は斬首せられんのみ、これを伴わざるに如かず、と忠告せしかども、遂にこれを伴いて上海を出発し、進みて洮州に到り、これに一ヶ年の月日を閲して、後、主従相携えて西蔵に徒歩旅行をなせしと云う。嗚呼繊弱なる一婦人の身を以て、この大事業をなす、有髯男児《ゆうぜんだんじ》豈奮起せざるべけんや。

訳者いう、嬢がクンバム僧院にて記したりし西蔵風俗談は、青海地方に移住せる西蔵人の風俗にて、純然たる西蔵内他の風俗にはあらず。純燃たる西蔵内地人の風俗も大同小異なれば、これを以て唯だ青海地方の風俗なりと思惟するは誤りなり。これ余が特に訳出して、これに附記したる所以なり。

西蔵　終

[編著者紹介]
西蔵研究会（ちべっとけんきゅうかい）
能海寛の遺稿の出版に尽力した学習院中等部教授・太田保一郎、真宗大学（現・大谷大学）で川上貞信からチベット語を学んだ張崎幸寿らによるチベット研究団体。チベット学萌芽期の日本において、文献の翻訳をもとに、チベットの情報を提供した。

太田保一郎
（おおた・やすいちろう、1860～1952）
士族太田源吾の長男として佐賀の小城町に生まれる。学習院中等部国文漢文教授を務める一方、地理学の研究を行う。学習院を退職後は佐賀県小城町に帰郷し、小城鍋島家内庫所の記録を調査・研究。郷土史家として雑誌『佐賀郷友』顧問、「小城史談会」会長を務めた。学習院中等部教授時代に能海寛の遺稿を託され、その出版に尽力した。

近代《きんだい》チベット史《し》叢書《そうしよ》15

西蔵《ちべつと》

平成30年5月16日初版第一刷発行

編著者：西蔵研究会《ちべつとけんきゆうかい》・太田《おおた》保一郎《やすいちろう》
発行者：中野 淳
発行所：株式会社 慧文社《けいぶんしや》
〒174-0063
東京都板橋区前野町4-49-3
〈TEL〉03-5392-6069
〈FAX〉03-5392-6078
E-mail:info@keibunsha.jp
http://www.keibunsha.jp/
印刷所：慧文社印刷部
製本所：東和製本株式会社
ISBN978-4-86330-193-1